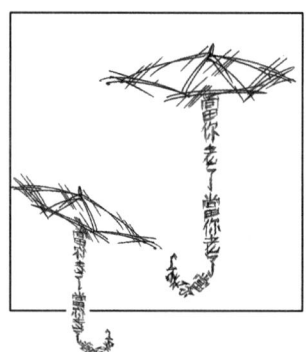

伊沙 老G ◆编译

当 你 老 了

世界名诗100首新译

青海人民出版社

图书在版编目（ＣＩＰ）数据

当你老了：世界名诗 100 首新译 / 伊沙, 老 G 编译. ——西宁：青海人民出版社, 2013.3 (2019.6 重印)
　ISBN 978-7-225-04531-3

Ⅰ. ①当… Ⅱ. ①伊… ②老… Ⅲ. ①诗集—世界 Ⅳ.①I12

中国版本图书馆 CIP 数据核字（2013）第 041207 号

当你老了
——世界名诗 100 首新译
伊沙　老 G　编译

出 版 人　樊原成
出版发行　青海人民出版社有限责任公司
　　　　　西宁市五四西路 71 号　邮政编码：810023　电话：(0971)6143426(总编室)
发行热线　(0971)6143516 / 6137730
网　　址　http://www.qhrmcbs.com
印　　刷　西宁东宝印务有限责任公司
经　　销　新华书店
开　　本　880mm×1230mm　1/32
印　　张　5.75
字　　数　200 千
版　　次　2013 年 3 月第 1 版　2019 年 6 月第 2 次印刷
书　　号　ISBN 978-7-225-04531-3
定　　价　26.00 元

版权所有　侵权必究

◎ 编译者序

我并不是一个狂热的译诗读者，不论是学生时代，还是做了诗人以后，都不是。

但是现在，我却成了一名狂热的外国诗的翻译者，甚至是最狂热的那一个！在过去自2011年10月到2012年10月整整一年的时间里，我和妻子老G合作翻译了整整80位外国大师500余首长短诗作，劳动量之大，脑体力付出之大，令我现在回想起来都有点儿后怕！

这二者之间——究竟是怎样的一种关系？——是悖论吗？不，是必然！

我为什么对阅读译诗狂热不起来？因为读不顺，读不爽，多少外国大师的诗作是以二流、三流、不入流的中文呈现的！作为诗人，作为一名对语言超级敏感的口语诗人，我既难以心悦诚服地拥抱这类译文，又不会被"外国大师"这个强大的文化符号所吓倒，但也不能因此而不读外国诗，于是便只能采取一种不远不近、若即若离的态度，甚至还形成了一套阅读译作的完整经验：譬如得意忘言……

但是，如今，当我的翻译横向拓展到更大的一个面上后发现，连"得意"都不可能如愿，因为很多意思被译错了。过去我老以为译诗界存在的问题只是读不顺、读不爽——属于"达"和"雅"上的缺陷，现在才知道有很多地方我所读到的不是原作者的意思——译者压根儿就没把它译准——属于"信"的问题！

如果"信、达、雅"三方面都不能得到保障，你读到的是什么？是翻译家等而下之的创作（他干脆以诗人的身份直接去创作好了），还署着外国大师的名字！

你想了解翻译界的状况，就亲自动手做翻译；你想了解具体某个翻译家的真实水平，就一定要跟他（她）翻译同一位诗人的同一个文本……这一年里，当我每天都能发现这些翻译家的问题时，我也就同时发现了自己的水平和能力，于是便越译越起劲，越译越亢奋，带着对大师真相强烈的好奇心，每译一首诗便是揭开一个谜……后来便"出事儿"了，到了这时候有些人才知道我对译诗界水平的悲叹绝非危言耸听！

你曾经阅读过一本有136处明显错误的译诗集，你曾经阅读过一本四分之三的意思都被译错的译诗集，没准儿还曾为之击节叫好、顶礼膜拜，朋友，你说是这世界忽悠了你，还是你忽悠了自己？

译诗界的海龟神话破灭了，本土译家借此机会就可以被大赦了吗？当代译者水准如斯，那些五四资历的翻译大家就是靠谱的吗？我曾每译一首便发现其中一位一个错误！你所看到的"事故"绝非孤立存在的个案，是普遍而有代表性的，十分典型。我进而发现，这不仅仅是水平、才能、态度所造成的，还有翻译上的糊涂思想和理念，"再创作"被放大的错误的理解，其实是来自中国外语院校的专业教育，来自五四这代人的不成熟。

——必须重译！

——必须用求实的科学精神来重译！

——必须用专业的艺术眼光来重译！

——必须用成熟的现代汉语来重译！

——必须用出众的诗歌才华来重译！

本书正是重译的结晶：80位诗人，100首诗歌，横跨四大洲，穿越五世纪，中国读者所普遍熟悉的外国名诗基本上都在其中。

横向地广译，对于译者来说，是巨大的考验：我们是译成了"千人一面"，还是我们是翻译艺术的"千面人"？我们等待着读者作出评判。

译完这80位外国大师，我曾多次在私下对诗友说："大师真不是白给的，没有一个徒有虚名！"——此话说明：那曾经笼罩在我们心头的狐疑……

编译完这本书，我最大的感受是：今天的太阳是新的，世界，前所未有的真实！

伊沙

2013年1月12日

长安

目录

第一辑　馈赠

3　　馈赠◆米沃什
4　　我毛发丛生◆阿米亥
5　　失恋狗◆阿米亥
6　　死亡赋格曲◆策兰
8　　地铁里◆庞德
9　　当你老了◆叶芝
10　　秋日◆里尔克
11　　千钧一发◆里尔克
12　　"亲吻额角……"◆茨维塔耶娃
13　　"新年快乐，露营的卓越诗人！"◆茨维塔耶娃
14　　黄花颂◆聂鲁达
16　　二月◆帕斯捷尔纳克
17　　巴勒斯坦情人◆达维什
18　　我属于那里◆达维什
19　　哑小孩◆洛尔加

20　第一心愿小调◆洛尔加
21　亚当◆洛尔加
22　雨◆博尔赫斯
23　街◆帕斯
24　话语◆普拉斯
25　星夜◆塞克斯顿
26　此路未选◆佛罗斯特
27　葬礼蓝调◆奥登
28　前奏曲◆艾略特
29　一枚硬币◆桑德堡
30　啊，船长！我的船长！◆惠特曼
32　静谧之诗◆奥哈拉
33　树木◆拉金
34　候诊室◆毕肖普
38　月光◆魏尔伦

第二辑　仿佛你来自圣地

41　仿佛你来自圣地◆阿什贝利
43　没有护卫舰能像一本书◆狄金森
44　被埋葬的火车◆勃莱
45　试着祈祷◆赖特
46　天性◆索德格朗
47　死亡当无统治权◆狄兰·托马斯
49　"自由！平等！兄弟会！"◆威廉斯
50　风暴过后◆沃尔科特
51　商籁诗 17◆莎士比亚

52 爱尔兰◆希尼

54 我25岁◆柯索

55 写于安娜·阿赫玛托娃诞辰100周年◆布罗茨基

56 一个梦◆爱伦·坡

57 致狄奥提玛◆荷尔德林

58 致月亮◆歌德

60 老虎◆布莱克

62 假如生活背叛了你◆普希金

63 我愿是激流◆裴多菲

65 秋之商籁诗◆波德莱尔

66 嗥◆金斯堡

80 美国◆金斯堡

第三辑　生如夏花

87 生如夏花◆泰戈尔

89 感动◆兰波

90 不悔，不叫，我也不哭◆叶赛宁

91 呼声◆申博尔斯卡

93 12月的夜◆默温

94 栖鹰◆泰德·休斯

96 黑石在一块白石上◆巴列霍

97 写在威斯敏斯特桥上◆华兹华斯

98 一个纸袋◆阿特伍德

100 牛群◆哈代

101 一个拒服兵役者的回旋诗◆劳伦斯

102 钢琴独奏◆帕拉

103　黑人河传◆兰斯顿·休斯

104　尘世鸟儿◆沃伦

105　梦之诗118◆贝里曼

106　日子◆阿多尼斯

107　道路的起点◆阿多尼斯

108　穷孩子◆雨果

109　多么沉重的日子◆黑塞

110　无你◆黑塞

111　美好旧时光◆彭斯

113　幸福◆卡佛

115　生命颂◆朗费罗

118　城市◆卡瓦菲斯

119　带给我向日葵◆蒙塔莱

120　脚步◆瓦雷里

121　啊，亲切自然的地球◆肯明斯

第四辑　安魂曲

125　昨夜，当我在睡眠中◆马查多

127　时代◆曼杰斯塔姆

129　这生命的手◆济慈

130　别处◆斯特兰德

132　美丽诗歌◆布劳提根

133　最后一程◆布劳提根

134　发现◆布劳提根

135　奶牛◆纳什

136　我的梦◆纳什

137　萤火虫◆纳什

138　西风颂◆雪莱

143　我没有爱过这个世界◆拜伦

144　写在他亡妻的墓碑上◆弥尔顿

145　拒绝◆赛弗里斯

146　宿命◆达里奥

147　旅馆失眠夜◆西米克

148　果戈理◆特朗斯特罗姆

150　俳句◆特朗斯特罗姆

152　安静干净的布衣少女……◆布考斯基

154　冰献给鹰◆布考斯基

155　诗人◆阿赫玛托娃

157　安魂曲◆阿赫玛托娃

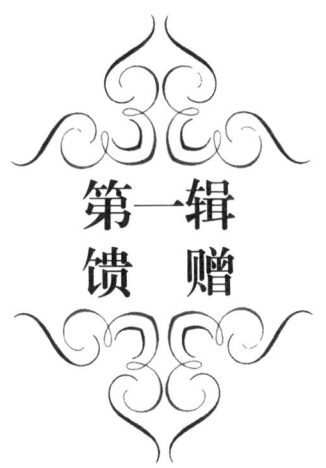

第一辑
馈 赠

徐一峰 绘

【波兰】米沃什

馈赠

如此幸福的一天。
薄雾早早散去。我在花园里干活。
蜂鸟栖落在金银花上。
大地上没有任何东西我想占有。
我知道没有一个人值得我羡慕。
我遭受的一切无论怎样邪恶,我已忘却。
想到我是依然故我的人也并不令我难堪。
在身体深处,我感觉没有痛苦。
当直起身来,我看见碧海白帆。

【以色列】阿米亥

我毛发丛生

我毛发丛生,遍布我的身体。
我害怕他们会重新开始猎杀我,因为我的毛皮。

我花里胡哨的衬衣绝无爱的含义
它貌似一座火车站的航拍照片。

到了晚上我的身体开放和清醒,在毯子下面,
好像快要被枪毙的某人被蒙上的眼睛。

焦躁不安,我徘徊不前:
渴望我将死去的生命。

但我还是想要平静下来,像一个坟堆伴随所有城市的
　毁灭,
还有安宁,像一块完整的墓地。

【以色列】阿米亥

失恋狗

你离开我后
我让一只狗嗅一嗅
我的胸膛和我的肚子。气味将填满它的鼻子
然后出发去寻找你。

我希望它能撕扯下
你恋人的睾丸并咬掉他的阴茎
或者至少
将你的袜子带回来给我,从他的牙齿之间。

【德语】策兰

死亡赋格曲

黎明的黑牛奶我们夜里喝
我们喝它在中午和早晨我们喝它在夜里
我们喝，我们喝
我们用铲子在空中挖出墓穴在那里你躺下不会觉得太窄
一个男人呆在屋子里玩他的毒蛇，写信
他写道：黑暗正在降临德意志，你的金发的玛格丽特
他写信，然后走出门去，满天繁星闪烁，他吹口哨叫他的猎犬回窝
他吹口哨他的犹太人便站成一排用铲子在地面上挖墓穴
他命令我们开始奏乐为舞会

黎明的黑牛奶我们夜里喝你
我们喝你在早晨和中午我们喝你在夜里
我们喝，我们喝
一个男人呆在屋子里玩他的毒蛇，写信
他写道：黑暗正在降临德意志，你的金发的玛格丽特
你的灰发的舒拉密丝我们用铲子在天空中挖墓穴你躺下不会觉得太窄

他大声叫道：把地球戳得更深些吧，你还有许多活儿
在那儿其他人唱起来并演奏

他抓住他腰带里的棒子摇摆着他的眼睛是那么蓝
把你们的锹戳得更深些你们在那儿还有许多活儿其他
　　人继续为舞会演奏

黎明的黑牛奶我们夜里喝你
我们喝你在中午和早晨我们喝你在夜里
我们喝，我们喝
一个男人呆在屋子里你的金发的玛格丽特
你的灰发的舒拉密丝他玩他的毒蛇

他大声叫道：把死亡演绎得更甜美些吧，死神是一位
　　来自德意志的大师
他大声叫道：你们把弦乐器奏得更忧郁些吧，你们就
　　会升起来然后像烟飘向天空
然后你们就会拥有墓穴在云里你躺着不会觉得太窄

黎明的黑牛奶我们夜里喝你
我们喝你在中午死神是一位来自德意志的大师
我们喝你在夜里和早晨我们喝我们喝
死神是一位来自德意志的大师他的眼睛是蓝色的
他射杀你用装满铅弹的枪对准你射得很准
一个男人呆在屋子里你的金发的玛格丽特
他放他的猎犬咬我们授予我们一片天空中的墓地
他玩他的毒蛇白日做梦死神是一位来自德意志的大师

金发的玛格丽特
灰发的舒拉密丝

【美国】庞德

地铁里

人潮人海中面影的幽灵闪现；
雨天里湿漉漉黑黝黝的枯枝上绽放出花瓣。

【爱尔兰】叶芝

当你老了

当你老了,满头灰白,饱含睡意,
在炉火旁打盹,取下这本书,
慢慢读,梦见你的双眼曾经有过
温柔的目光,梦见它们眼影深深;
多少人爱你风华绝代的豆蔻年华,
爱你的美,怀着假意或真情,
惟有一人爱你朝圣者的灵魂,
爱你沧海桑田的脸上的悲伤;
躬身于灼热的炉栅旁;
喃喃低语,有点儿伤感,爱神怎样逃走
踱步在头顶的群峰之上
将其脸隐藏在繁星之间。

【奥地利】里尔克

秋日

主,是时候了。夏天浩大。
让影子躺在日晷之上,
让风儿去草地上放松。

最后命令果实快些饱满;
多给它们两天的南方气候,
催促其成熟,驱使
最后的甘甜酿成醇厚的美酒。

谁现在没有房屋,他不必再建一座。
谁此刻孤独,将长久孤独,
将醒着、读着、写着长信
将在林荫道上来来回回
徘徊不安,当落叶飘零。

【奥地利】里尔克

千钧一发

谁此刻在世上某处哭
在世上无缘无故地哭,
在哭我。

谁此刻在夜里某处笑
在夜里无缘无故地笑,
在笑我。

谁此刻在世上某处走
在世上无缘无故地走,
走向我。

谁此刻在世上某处死
在世上无缘无故地死,
望着我。

【俄罗斯】茨维塔耶娃

"亲吻额角……"

亲吻额角——抹去烦恼。
我吻你额角。

亲吻双眼——治愈失眠。
我吻你双眼。

亲吻嘴唇——熄灭最深处的渴望。
我吻你嘴唇。

亲吻额角——抹去记忆。
我吻你额角。

【俄罗斯】茨维塔耶娃

"新年快乐,露营的卓越诗人!"

新年快乐,露营的卓越诗人!
如此光荣的毁灭!
新年快乐——在别的地方——
背包在身的勇士们!

手舞足蹈,口吐白沫,未被捕获,
红色追击!
新年快乐——在奔逃中被打败
祖国用一只手!

整个地球都在吟唱一首祝酒诗
献给欠收的大地!
因此,伊格尔——和雅罗斯拉夫牛一起哭
俄罗斯,越过重洋。

用一声疲惫的呻吟熄灭悲伤:
我的兄弟!我的骑士!我的孩子!
新年快乐,你们越过蓝色海洋
俄罗斯啊——还如此——年轻。

【智利】聂鲁达

黄花颂

靠蓝色移动,其自身的蓝,
是海,背靠天空的,
是一片黄色的花朵。

冬天到了。

穿过冬天
如此重要,海要展开
它的神话,它的布道,它的酵母菌般的灵感,
在此爆炸
在一种黄色植物的
黄金沙滩
你的双眼
被固定
在地面
逃离伟大的海及其节奏。

我们将变成泥土。

不是天空,不是火焰,不是雨水
但是
泥土,
只是泥土

我们将成为
并且也可能只是
一片黄色的花朵。

【俄罗斯】帕斯捷尔纳克

二月

哦二月,赐我墨水和眼泪!
悲哀地书写二月,
当起义的愤怒的冰雹,
像在春天里燃烧。

花六十戈比,去雇辆轻便马车,
乘着它穿越钟鸣与车轮声声。
去到暴雨如注的地方
比墨水和眼泪多些响亮。

在那里,焦炭似的梨,乌鸦
成千上万,从树上飞起,
坠落在水坑里,继而将
干涸的悲伤深深抛进你的眼里。

在低处,解冻的补丁般的土地闪着光,
伴随大声的哭喊,风被挖掘。
越偶然便越真实——
诗,安详但啜泣。

【巴勒斯坦】达维什

巴勒斯坦情人

她的眼睛是巴勒斯坦的
她的姓名是巴勒斯坦的
她的裙子和忧伤巴勒斯坦的
她的方巾,她的双脚和身体巴勒斯坦的
她的话语和沉默巴勒斯坦的
她的声音巴勒斯坦的
她的出生和她的死亡巴勒斯坦的

【巴勒斯坦】达维什

我属于那里

我属于那里。我有着许多回忆。我出生,像每个人那样出生。
我有一个妈妈,一幢多窗的房子,兄弟们,朋友们,还有一间囚室
一扇寒冷的铁窗!我有一波被海鸥掠去的海浪,一张我自己的全景画。
我有一片深颜色的草地。在我话语的地平线深处,我有一个月亮,
一只鸟儿的支持,和一棵不朽的橄榄树。
我已在大地上居住了很久,在刀剑把人类变成猎物以前。
我属于那里。当天空为她的妈妈哀悼,我返回天空到她妈妈面前。
我哭了,一朵正在返回的云也许携带着我的眼泪。
打破规则,我已经学会了一次血洗的审讯所需要的全部话语。
我已经学会了,然后拆卸所有的词,只为从它们中拖出
一个字:家。

【西班牙】洛尔加

哑小孩

小男孩在找他的声音
(蟋蟀王占有了它)

在一滴水中
小男孩在找他的声音。

我不想用它来说话,
我要用它打制一枚戒指
那样的话他或许会戴上我的沉默
在他纤小的手指上。

在一滴水中
小男孩在找他的声音。

(被俘的声音,在远方
穿上蟋蟀的衣裳。)

【西班牙】洛尔加

第一心愿小调

绿色清晨
我想变成心灵,
心灵。

成熟夜晚
我想变成夜莺,
夜莺。

(灵魂
变为橙色。
灵魂
变为爱之色。)

鲜艳清晨
我想变成自身。
心灵。

夜的尽头
我想变成声音。
夜莺。

灵魂
橙色。
灵魂
爱之色。

【西班牙】洛尔加

亚当

一棵树的血浸泡着早晨
在那里新生的女人呻吟着。
她的声音离开伤口里的玻璃
在窗格上,有一幅骨骼的图解。

正在降临的光明立足并且战胜
一则被遗忘的寓言白色的限制
静脉的喧哗在飞行
朝着苹果幽暗的冷静。

亚当在身体的高烧中梦见
一个孩子飞奔而来
穿过他两颊脉搏的跳动。

而另一个黑黝黝的亚当却正梦见
一轮无籽的石头的中性月亮
在那里光明的孩子将要诞生。

【阿根廷】博尔赫斯

雨

下午生长出光明因为终于
一场绵绵细雨
正在飘来,或是坠落。因为是又一场
雨是某种永远发生在过去的事物。

有谁听见它落下后已被带入心灵
适逢一个突如其来的幸运的机会
在他的一瞥中一种叫做"玫瑰"的花儿绽放出
五颜六色中令人好奇的色彩。

这场雨用它的雨雾让百叶窗失明
给人带来喜悦,在没有多少人关注的郊区
在那里一棵葡萄树上的黑葡萄高过了头顶。

在某个不复存在的庭院里。
湿透了的下午带回来声音
多么渴望,我父亲的嗓音,还未死去。

【墨西哥】帕斯

街

这里是一条寂静的长街。
我行于黑暗,蹒跚而行,跌了一跤
然后爬起,然后盲目而行,我的脚
踏着寂静的石头和干枯的树叶。
有人在我身后也踏着石头、枯叶:
如果我慢下来,他就减慢;
如果我跑,他就跑。我转身:没有人。

一切黑暗无门。
我转来转去在这些角落之间
它们不断把我领到街上
在那里没有人等候,没有人跟随,
在那里我追赶着一个男人,他跌倒
然后爬起,看着我说:没有人。

【美国】普拉斯

话语

斧子
在敲出木头的钟声后,
发出回声!
回声旅行
远离中心仿佛马群。

树液的
泉眼像在流泪,像
水在努力
重建它的镜子
在岩石之上

它滴落并转弯,
一具白色的头盖骨,
被周围野草丛生的绿色所吞噬。
多年以后
我在路上与它们邂逅……

话语干燥乏味并且无人驾驭,
不知疲倦的马蹄状的水龙头,
虽然
来自池底,万古不变的恒星
主宰人的一生。

【美国】塞克斯顿

星夜

> 那不能叫我从一个可怕的需要中挣脱出来——我愿意说出这个词——宗教。于是我晚上出去画星星。
> ——梵高致他弟弟的一封信

小镇不存在了
除了那儿有一棵黑头发的树跌倒
爬起像一个淹死的女人进入灼热的天空。
小镇是沉默的。夜与十一颗星星一起蒸发。
哦,星星星星闪闪烁烁的夜!我多么
想要死去。

它移动。它们都还活着。
甚至月亮在其橙红的铁中凸起
逼迫孩子就范,像一个上帝,从它的眼睛。
看不见的老蛇吞下了星星。
哦,星星星星闪闪烁烁的夜!我多么
想要死去。

进入那夜的横冲直撞的猛兽,
被巨龙吸收,劈开
从我没有胎记,
没有肚子,
没有哭喊的生命中。

【美国】佛罗斯特

此路未选

两条路分叉于金黄的林中,
对不起,我不能脚踩两条路
作为行人,我站立良久
低头看其中一条好像通向远方好像我能够
到达它在荆棘之下蜿蜒而去的那个地方。

然后选择了另外一条,只是因为它美丽,
并且似乎更值得一走,
因为它长满了草渴望被踩踏;
尽管穿过那里
磨损度相差无几。

那个早晨,两条路都躺在那里
落叶中没有脚步将其踏黑。
哦,我把第一条留给了另一天!
但还是知道路通路,
我拿不准我究竟能否回来。

从此以后,时光荏苒,某个地方
我将长叹一声讲述这一切:
两条路分叉于林中,然后我……
我选择了鲜有人迹的一条,
于是便造成了全部的差异。

【美国】奥登

葬礼蓝调

叫停所有的时钟,切断电话,
用一根多汁的骨头阻止狗吠,
黯哑钢琴,用低沉的鼓声
抬出棺材,让送葬者前来。

让飞机在头顶上呻吟着盘旋
在天空中涂抹一个消息:他死了。
让公共场所的鸽子的白颈环绕绉纱,鞠躬
让交通警察戴上黑色的棉手套。

他是我的北方,我的南方,我的东部和西部,
我工作的每一周,我的星期天休息,
我的正午,我的午夜,我的说话,我的诗歌。
我以为爱将持续直达永远,我错了。

此刻星星不需要了,熄灭每一颗,
收起月亮,拆除太阳;
倾倒海洋,横扫森林。
因为没有什么还是有用的,不论现在还是永远。

【英国】艾略特

前奏曲

冬天的夜晚尘埃落定
过道里洋溢着牛排味。
6点钟,
烟熏的日子疲惫地结束。
而现在一场暴风雨正在覆盖
污秽的残渣
由你双脚附近的枯叶形成
报纸从空地上飞来;
暴雨拍打
破碎的百叶窗和烟囱似的电话亭
在街的拐角
一匹孤独的出租马冒着水汽,踢踏着。
然后是正在亮起的街灯。

【美国】桑德堡

一枚硬币

你西部的脑袋在此浇铸在钱上,
你是这两个一起消逝的,
伙伴在雾中。

正用剑刺进水牛肩膀,
印第安人的瘦脸,
我们来了在你们不知何往以后
你们的欢迎仪式在新的镍币上。

你是在
给我们:
过去。

草原上的
奔跑者:
再见。

【美国】惠特曼

啊，船长！我的船长！

船长！我的船长！我们可怕的旅行已经完成，
这艘航船的每根齿条都已风化，追求的奖章已经佩戴，
港口临近，我听到钟声，所有人都欢欣鼓舞，
当目光追随着坚定的龙骨，航船坚强而勇敢，
但是，啊，心！心！心！
啊，正滴着鲜红的血！
我的船长躺在甲板上，
冰凉地倒下，然后死去。

船长！我的船长！起来，听这钟声；
起来——为你旗帜在挥动——为你号角发出颤音，
为你献上花束和系缎带的花环——为你海滨拥挤，
为你他们呼叫，人头攒动的民众，他们渴望的面孔转向
这里，船长！亲爱的父亲！
这条手臂在你头下；
一些梦想在甲板上
你已冰凉地倒下，然后死去。

我的船长没有回答，他的嘴唇苍白如纸，一动不动，
我的父亲没有感觉到我的手臂，他已经没有脉搏或意志。
这艘航船安然停泊，它的航程圆满结束，

经过可怕的旅行这胜利者的航船满载而归；
啊！海岸狂欢，啊！钟声悠扬
但是我，步履沉重，
走上甲板，我的船长躺在那里，
冰凉地倒下，然后死去。

【美国】奥哈拉

静谧之诗

音乐在遥远的地方响起
眼皮一眨不眨

物体像薰衣草一动不动
没有呼吸或遥远的回答。

然后云是如此微妙地松懈了
被银制的飞行中的机器带走

那思想的孤独的回声
难以置信:发动机瀑布般轰鸣的声音

像一枚硬币沉入海底
眼睛一眨不眨

像一枚硬币上升,当它在高声喧哗的太阳
之中,并使临近的空气发出声音。此刻,

缓缓地,心对着音乐呼吸
而硬币躺在潮湿的黄沙里。

【英国】拉金

树木

树木来到生叶期
像某种东西差点被说出；
近期的萌芽小憩并蔓延，
它们的翠绿是忧郁之一种。

难道它们是在重生
而我们老去？不，它们也在死去，
它们一年一度旧貌换新颜的把戏
被写在粮食的钟声里。

然而焦躁不安的城堡仍在打谷
在每一个成熟丰厚的五月。
去年死了，它们似乎在说，
重新开始，重新，重新。

【美国】毕肖普

候诊室

在马萨诸塞州,伍斯特,
我去和康苏罗姨妈一起住
到她的牙医那里就诊。
在牙医的候诊室里
坐着等她。
那是冬天。天黑得
早。候诊室里
满是大人
保暖鞋和大衣
灯还有杂志。
我姨妈在里面
似乎像有很长的一段时间
等她时我读
《国家地理杂志》
(我能够阅读)并且仔细地
研究那些照片:
一座火山的内部,
漆黑一片,满是灰烬
然后它溢了出来
在火焰的小溪中。
奥萨和马丁·约翰逊
身穿骑马装,
系带的靴子,和木制的遮阳帽。

一根杆子上吊着一个死去的男人
——标题称之为《长形猪》。
尖头婴儿
一圈圈被绳子捆伤；
一丝不挂的黑女人，脖子
一圈圈被电线捆伤。
形同亮着的电灯泡的颈部。
她们的乳房使人惊骇。
我从头至尾读得很快。
我太害羞，不敢停下来。
然后我望着封面：
黄色页边、日期。
突然地，从里屋，
传来痛苦的一声 "啊！"
——康索罗姨妈的声音——
不很大，或不很长。
我一点儿也不吃惊；
甚至于在那时我已知道她是
一个愚蠢、胆小的女人。
我本来应该尴尬，
但没有。使我
完全出乎意料的是
那便是我：
我的声音，脱口而出
不假思索
我是我的蠢姨妈，
我——我们——在下坠，下坠

我们的眼睛盯住
《国家地理杂志》的封面
1918年，二月号。

我对自个儿说：三天后
你就七岁了
我这样说是为了阻止
不断下坠的感觉逃离
疯转不停的世界
进入冰冷、蓝黑的虚空。
但是我感觉到了：你是一个自我，
你是一个伊丽莎白
你是他们中的一员。
为什么你也应该成为其中的一员？
我几乎不敢去看
看见我是什么样子。
我横瞥一眼
——我看不到任何更高的东西——
在灰色的有阴影的膝盖上，
裤子、衬衫和靴子
还有不同的双手
摆放在灯下。
我明白没有任何更古怪的事
曾经发生，它们永远
也不会发生。为什么我应该成为我姨妈，
或我自己，或任何人？
什么样的相同点——

靴子,手,家族特有的嗓音
我感觉在我喉咙里,甚至
《国家地理杂志》
和那些可怕的悬垂的乳房——
把我们攥在一起
或使我们融为一体?
怎样的——我不知道任何
适合于它的词——怎样的"不太可能的"……
我怎样来到这里,
像他们一样,并偶然听到
一声痛苦的叫喊,它本来
可以变得更大和更糟,但是不曾?
候诊室很亮
并且太热。它正在滑行
在一波黑色的巨浪下面
一波,然后又一波。

然后我回到了它内部。
战争在继续。外面,
马萨诸塞州,伍斯特,
是夜晚、泥泞和寒冷,
时间依旧是1918年,
2月5日。

【法国】魏尔伦

月光

你的灵魂,海市蜃楼,
那儿有迷人的面具和贝加莫舞曲,
乱弹琵琶载歌载舞,只是有点儿悲伤
隐藏于他们梦幻般的伪装。

小唱生命的慷慨
和爱情的胜利,他们似乎
还不敢相信他们的幸福,
他们的歌声与苍白的月光交融,

宁静的月光,美丽的忧伤,
将惊魂未定的鸟儿安置在树上,
并使大理石喷泉喷涌而出
纤细修长的水柱——抽泣他们的狂喜。

第二辑
仿佛你来自圣地

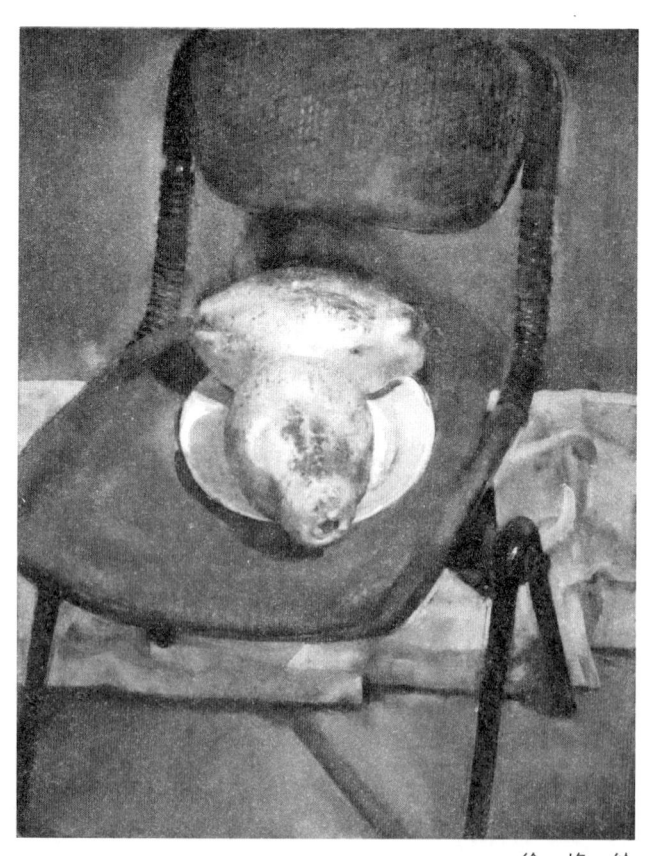

徐一峰 绘

【美国】阿什贝利

仿佛你来自圣地

纽约州西部
有一片公共墓地
在8月下旬的空气中有一个恐慌的注解
一个老头再一次尿了裤子
在那里,自阳光刺眼的傍晚转身离去
仿佛被太多的人希望的那样离去
这是目前每个人的处境
如何能够成为
你现在的灵丹妙药
不论怎样都让你保持一动不动
如此这般穿过漫长黑暗的季节
直到此刻身穿海军蓝的女人复出
以及蠕虫从堆肥里爬出然后死去
这是任何一季的终结

你如此认真在那儿读书
坐着,不希望被人打扰
仿佛你来自圣地
还有其他大地依赖于你的迹象
十字路口的固定标志牌
在小径上昏昏欲睡
耳语中说出的一切
树篱之间的声音

苹果树下的语调
被编号的土地延伸辽远
你的房子建在明天
但肯定不是在什么是正确
的考试前,它会建成的
在人口普查前
把名字写下来

记住你是自由的可以漫步远方
像从正在发生的其他时间和场景中走来
历史中的某人来得太迟
现在时机成熟,格言
随着季节转换和颤栗而孵化
那个有着巨大利益的事物终于
出现在天空中
但太阳矗立,阻止你看到它
神迹在夜晚之外出现
它的叶子好像所有急落的鸟儿,在一棵
被占用后颤栗不止的树下
在微弱的愤怒中平息下来
仿佛知道心灵永远不再
不在此处不在过去的昨天
惟有在今天的空白中填充自己
仿佛空虚正在发散
是什么时候的想法
那时间早已经过去

【美国】狄金森

没有护卫舰能像一本书

没有护卫舰能像一本书
带我们到远方登陆,
也没有任何骏马能像跳跃的
诗歌的页码。

它该被最贫穷者所接受
没有征税的压迫,
如何节俭是辆马车
承载一个人的灵魂!

【美国】勃莱

被埋葬的火车

请告诉我关于这列火车:人们传说被雪崩
掩埋的——天下雪了吗?——那是
在科罗拉多州,无人目击它的发生。
有烟自蜷缩一团的火车头上

袅袅飘过冷杉树顶,火车头发出噪声。
所有那些正在读书的人们———些
在读梭罗,一些在读亨利·沃德·比彻。
还有正在抽烟的火车司机将头伸到外边。

我想知道什么时候发生的。是在上
高中以后,或是我们二年级的那年?
我们进入这个狭窄之处,然后我们听到声音
在我们上方——火车实在开得够快的。

搞不清接下来发生了什么。是你和我
还坐在那儿,在火车里,等待着信号灯
准备继续吗?或是真实的火车真的被埋葬;
所以到了晚上,一列幽灵火车开出来了,然后继续前
   进……

【美国】 赖特

试着祈祷

这个时刻,我从我身后离开了我的身体,哭泣
在它黑暗的荆棘之中。
尽管如此,
这个世界上还是有美好的事物。
此刻正是黄昏。
有美好的黑暗
由主妇们那触及面包的手构成。
一棵树的心灵开始感动。
我摸着落叶。
我闭上眼睛,想到了圣水。

【芬兰】索德格朗

天性

我的身体是个谜。
好像过长好像这易碎的东西还活着
你会感觉到它的力量。
我将拯救世界。
那便是为什么爱神的血液淌过我的嘴唇
爱神的金币滚过我疲倦的卷发。
我只需要去看看,
厌烦或在痛苦之中:大地是我的。
当我筋疲力尽地躺在我的床上
我知道:在这虚弱的手中躺着大地的命运。
它是力量,在我鞋子里颤抖,
它是力量,在我衣服的褶皱间移动,
最终,它是力量,害怕没有深渊,站在你的面前。

【英国】狄兰·托马斯

死亡当无统治权

死亡当无统治权。
赤裸裸的死者会与风中
和西天月亮下的那人同在；
当他们的骨头被剔干净，当干净的骨头一去不返，
他们会拥有星星在肘边在脚面；
虽然他们疯了但是还会清醒，
虽然他们沉沦苦海但是还会重出海面；
虽然情人丢了但是爱情不丢。
死亡当无统治权。

死亡当无统治权。
在大海的缠绕物下面
他们长久躺着有风而不死；
扭曲在拷问台上，当肌肉失去控制的时候，
被绑向车轮，但是他们宁折不弯；
他们手中的信仰被折成两半，
罪恶累累的独角兽将他们刺穿。
最终他们裂成碎片但却没有留下裂纹；
死亡当无统治权。

死亡当无统治权。
也许再也没有海鸥在他们耳畔哭泣
抑或海浪轰响着拍碎在海岸上；

曾经开花的地方也许再也没有一朵花儿开放
昂起头迎向暴风骤雨的打击；
虽然他们疯了并且死亡像钉子，
性格的锤头还是越过雏菊；
击破太阳直至太阳陨落，
死亡当无统治权。

【美国】威廉斯

"自由!平等!兄弟会!"

你闷闷不乐像头人猪
你把我逼进泥浆里
用你臭烘烘的灰马车!

兄弟!
如果我们富有——
我们将挺胸
抬头!

这是梦想,已经毁了我们。

再也没有一丁点骄傲
在马上或手握缰绳时。
我们坐在一起弯腰驼背地沉思
我们的命运。

唔——
所有的一切最终都会转化为痛苦
无论你选择右边或
左边的路
但是——
有梦想并不是一件坏事。

【圣卢西亚】沃尔科特

风暴过后

这么多的岛！
仿佛夜空繁星般的岛
在那根树枝上流星摇落
像坠落的水果，落在大篷车号航班四周。
一切事物必然坠落，所以总是如此，
一边是金星，另一边是火星，
坠落，并且是独自一个，仅仅因为这地球就是一座
孤岛，坐落在星星群岛之中。
我的第一个朋友是海。现在，是我的最后一个。
我闭嘴，现在我工作，然后我读书，
懒洋洋，在一盏吊在桅杆上的灯笼下。
我努力忘记什么是幸福，
不工作的时候，我研究星星。
有时候只有我，和被剪削过的柔软的泡沫
所以甲板变成白色，月亮打开
一朵云像一扇门，还有我头上的灯光
是一条小路，在银色月光下，带我回家。
莎宾妮自大海深处向你歌唱。

【英国】莎士比亚

商籁诗 17

在未来的时间谁会相信我的诗篇,
如果用你最高的毁誉将其填满?
尽管还只有天上的诸神知道它像座陵墓
隐藏起你的生命,不显示你的另一半。
如果我能够写出你眼睛的美丽,
在清新的诗行中清点你全部的魅力,
未来的时代将会指认这是诗人的谎言,
如此神圣非凡的品质永不触及世俗的嘴脸。
因此我的诗页将会与它们的时代一起泛黄,
被瞧不起,像比舌头更少诚实的老朽,
你配得的赞扬是用特别的词汇表达诗人的愤怒,
一首古老的诗歌广为流传:
到那时你的孩子还活着,
你当活两次,在他身上,在我诗的韵律里。

【爱尔兰】希尼

爱尔兰

致 T.P.弗拉纳根

我们没有大草原
晚上切一片大太阳——
眼睛承认侵占了
地平线上每一块地方，

被拉拢成为独眼巨人湖泊的
眼睛。我们没有围栏的国家
是结硬皮的沼泽地
在太阳的景点之间。

他们取出伟大的
爱尔兰麋鹿的骨架
在泥炭之外，将它设置在
一只惊人的充满空气的箱子。

黄油沉没在
上百年以下
被回收成咸的和白色。
大地本身是美好的，黑色黄油

融化并开放在脚下，

丢失它最后的定义
经过数百万年。
他们从来不会在此挖煤,

只有受涝的树干
伟大的冷杉,柔软如果肉。
我们的开拓者引人注目
向内,向下,

他们挖掉的每一层
从前似乎都曾安营。
沼泽地可能是大西洋的渗漏。
潮湿的中心深不可测。

【美国】柯索

我 25 岁

带着一份爱一份疯狂为雪莱
查特顿、兰波
我的青春贫乏的废话
已经远播,广为流传:
"我恨老诗人!"
尤其是后撤的老诗人
他们向其他老诗人虚心请教
讲述自己的青春,喋喋不休
他们说:——当年我干了这些
但那是在当年
那是当年——
哦,现在我愿做一个安静的老人
我对他们说:——我是你的朋友
你曾经是什么,通过我
你会再度成为什么——
然后在晚上在他们秘密的家中
拽出来他们道歉的舌头
并掏他们的诗。

【俄罗斯】布罗茨基

写于安娜·阿赫玛托娃诞辰 100 周年

这磨难和诗页,这断发和宝剑,
这谷物和燧石,这喃喃低语和铮铮有声——
上帝拯救了所有的一切——尤其是爱与怜悯
的话语,作为他说出的惟一途径。
严酷的脉搏猛击着,血液的激流鞭打着,
铁锹均匀地敲打在它们之中,通过温柔的缪斯产生,
因为生命如此独特,它们来自凡人的嘴唇
声音比草包牧师更清澈。
哦,伟大的灵魂,我正在海外向你
鞠躬,你发现了它们,还有那——你暗自燃烧的命
  运,
长眠于祖国大地,她感谢你,至少让她
得到了在聋哑的天空海洋中发言的礼物。

【美国】爱伦·坡

一个梦

在黑夜的目光下
我总是梦见喜悦离去——
但一个醒来的生活与光明的梦
它所留给我的竟是心碎不已。

啊！这不是一个白日梦
对于他，他的眼睛投向
他周遭的事物带着一道光
转身回到过去？

那神圣的梦——那神圣的梦，
当全世界都在责骂
它对我欢呼仿佛一丝可爱的微笑
一个孤独的精神指导。

虽说灯火、阵痛的暴风雨和夜晚，
来自远方颤栗如斯——
可能有更多更纯粹的光明
在真理日的星星里？

【德国】荷尔德林

致狄奥提玛

美丽生命,你生如冬日里开出娇嫩的花朵,
在一个暮气沉沉的世界里默默孤独地绽放,
深情地张开你的怀抱,沐浴在明媚的春光里,
为与之温暖相依,去找寻世界的青春年华,
你的太阳,那曾经美好的时光,如今已日薄西山,
只有呼啸的狂风肆虐在冰封的寒夜。

【德国】歌德

致月亮

再一次你用灿烂的迷雾
悄悄填满灌木和山谷
终令我的灵魂
得以完全放松。

你用你轻柔的凝视
覆盖我的领地
温和如朋友的眼睛,
穿越我的命运。

每一次心灵的呼应,
来自欢乐与乱世;
我徘徊在欢乐与痛苦之间
在我孤独深处。

川流不止,奔腾不息,亲爱的河流!
我再也不会兴高采烈,
于是笑语消失,亲吻变质
还有忠诚落井下石。

我曾经拥有过一次
弥足珍贵的爱情,
它对我的折磨,

令我难忘今生。

水声潺潺，川流不息，在山谷里，
毫不休憩，永不平静；
抱怨，呢喃，为我的诗歌
你的旋律，

每当你在冬夜里出现，
疯狂泛滥的洪水便会终结，
或是在春天的流光溢彩中，
携助幼芽破土而出。

幸福是他，远离尘世，
紧锁自己，毫无仇恨，
坚持与自己的心灵为友
并享受与之同在的时光

那对大多数人来说未知的
或是从未关注过的事物，
穿越心灵的迷宫，
在夜晚出来漫步。

【英国】布莱克

老虎

老虎！老虎！燃烧！燃烧！
在夜晚的森林里，
什么样不朽的手或眼
敢于创造你那可怕的匀称？

什么样冷漠的天空或深渊
点燃你眼中的火焰？
什么样的翅膀他敢于追求？
什么样的手敢去抓住火焰？

什么样的肩膀，什么样的艺术，
能够拧成心灵的肌肉？
当心儿开始跳动，
又怎会畏手畏脚？

什么样的铁锤？什么样的铁链？
在什么样的熔炉中炼就你的头脑？
什么样的铁砧？什么样的恐惧
敢于抓住那致命的可怕的钩子？

当繁星投下他们的长矛，
用他们的眼泪打湿天空，
他是否微笑着欣赏他的作品？

他创造了羔羊也创造了你?

老虎!老虎!燃烧!燃烧!
在夜晚的森林里,
什么样不朽的手或眼
敢于创造你那可怕的匀称?

【俄国】普希金

假如生活背叛了你

假如生活背叛了你,
不要难过,不要生气,
在黑暗的日子里,谦卑自己,
相信我,快乐的日子将会到来。

心住在未来;
现在这里心下黯然;
刹那之间,全都过去;
那过去的将变成美好的回忆。

【匈牙利】裴多菲

我愿是激流

我愿是激流，
山中的溪流，
在崎岖的道路上，
穿过岩石……
只要我的爱人，
是一条小鱼，
在我的浪花里，
快乐地游戏。

我愿是荒林，
在河流两岸，
面对一阵狂风，
勇敢地作战……
只要我的爱人，
是一只小鸟，
在我的稠密里
在树枝间筑巢、吹笛。

我愿是废墟，
在高峻陡峭的山岩上，
这废墟肃穆的哀悼
并未令我黯然神伤
只要我的爱人

是青青的青春的中国常春藤,
沿着我荒凉的额头,
亲昵地爬上来,攀援上升。

我愿是草房,
在深山的谷底,
在草房的顶上,
饱受风吹雨打……
只要我的爱人
是可爱的火焰,
在我的火炉里,
缓缓地愉快地闪现。

我愿是云朵,
是灰色的破旗,
在苍茫的天空中,
懒懒地懒懒地飘荡,
只要我的爱人
是珊瑚状竖立的夕阳,
贴近我苍白的面庞,
显示五彩斑斓的辉煌。

【法国】波德莱尔

秋之商籁诗

你的眼睛,清澈如水晶,问我:"怪情人,
我对你意味着什么?"——嘘,小可爱!
我的心,被所有事刺激,
除去原始生物的绝对坦率,

不告诉你它的秘密地狱,
摇篮曲的手邀我长眠,
它黑色的传说被写于火焰,
我憎恶激情,精神也令我恶心!

让我们轻轻地爱。爱神在其哨所里,
黑暗,隐蔽,弯下他致命的弓。
我熟悉他古代兵工厂的武器:

犯罪,恐怖,疯狂!——啊,我苍白的雏菊!
是不是你,像我一样,虽有一片秋日暖阳,
啊,我这么白,我的那么冷的玛格丽特?

【美国】金斯堡

嗥

为卡尔·所罗门而作

I

我目睹我这一代最优秀的头脑毁灭于疯狂,饥肠辘辘,
   歇斯底里,赤身裸体,
黎明时拖着自己身体穿过黑人街区寻找够劲的一针,
生着天使脑袋的嬉皮士们渴望古老的天堂与闪闪放光
   的发电机相连在机械的夜晚,
他们穷愁潦倒、破衣烂衫、眼窝深陷,高高坐着抽烟,
   在冷水公寓漂过城市顶端的超自然的黑暗里,在爵
   士乐里冥思,
他们向着天堂裸露出他们的脑袋在高架铁道下看到穆
   罕默德的天使们蹒跚在
被照亮的屋顶上,
他们带着辐射般冷酷的目光穿过大学,在研究战争的
   学者中间生出阿肯色州和布莱克式轻悲剧的幻觉,
他们被逐出学院因为疯狂和在骷髅般的窗户上发表猥
   亵的颂诗
他们穿着内衣未剃胡子蜷缩在房间里,在废纸篓里焚
   烧他们的钱并谛听极地恶灵穿墙而过,
躲藏在阴毛里的他们被逮捕,在经过拉雷多腰带上捆
   着大麻返回纽约时,

他们在刚刚油漆过的旅馆里吞火或在天堂巷喝松节油，
　　恭候死亡，或涤罪他们的躯干夜复一夜，
带着幻想，带着毒品，带着千篇一律的噩梦、酒精和
　　鸡巴，以及没完没了的牛蛋，
无以复加的盲目；战栗的云的街道还有心灵闪电向加
　　拿大和佩特森的两极跳跃，照亮之间所有静止的时
　　间的世界，
满大厅的佩奥特碱，后院绿树成荫的墓地，拂晓时分，
　　葡萄酒在屋顶上酩酊大醉，嗜茶者驾车兜风，霓虹
　　灯闪烁的市镇小店，闪烁的红绿灯，太阳月亮和树
　　咆哮的冬天震动着布鲁克林的黄昏，垃圾桶破口大
　　骂，还有仁慈君王的心灵之光，
他们服用安非他明后漫无目的地用铁链把自己锁在地
　　铁从巴特尼公园漂到圣布朗克斯区，直到车轮声响
　　起孩子的叫声把他们带入到嘴唇咬破的战栗之中，
　　受虐的大脑黯淡才华已经耗干在动物园阴郁的灯光
　　下，
他们把所有夜晚沉入潜艇，比克福德餐馆的灯火飘来
　　荡去，在冷冷清清的福加兹酒吧，坐着穿过午后陈
　　味的啤酒，在氢气自动点唱机上，听到世界末日的
　　裂纹，
他们连续七十个小时语言狂欢，从公园到小窝到酒吧
　　到贝尔维精神病治疗中心到博物馆到布鲁克林大桥，
失去了柏拉图理想部队的空谈者跳下至门廊离开安全
　　出口离开窗台离开月光照不到的帝国大厦，
喋喋不休，尖声大叫，呕吐不止，窃窃私语，事实记
　　忆，奇闻异事，眼球踢爆，医院里的电击休克，还
　　有监狱和战争，

全体知识分子吐出全部的回忆，七天七夜目光炯炯，
　　献给犹太教堂的羊肉圣餐被丢弃在人行道上，
他们隐身进入新泽西禅境的乌有之乡，留下的一点儿
　　踪迹是模糊不清的大西洋城市政厅的风景明信片，
蒙受东部式的夜间盗汗和坦吉尔式的骨质增生还有中
　　国式的偏头痛，与垃圾毒品为伍慢吞吞说话，在纽
　　瓦克有家具的但却十分阴冷的房间里，
他们在午夜四处游荡，在铁路调车场欲知去向何方，
　　然后便上路了，没有留下破碎的心，
他们在棚车棚车棚车的喧嚣里点燃香烟穿过风雪走向
　　人迹罕至的农场在祖父之夜，
他们研究柏罗丁、爱伦·坡、背着十字架的圣约翰的
　　心灵感应和波普爵士乐卡巴拉魔法，因为宇宙本能
　　地振动在堪萨斯，
他们孤独地穿过艾达荷州街道寻求梦幻般的印第安天
　　使，他们就是梦幻般的印第安天使，
他们认为他们仅仅是疯了，当巴尔的摩闪烁在超自然
　　的狂喜中，
他们与俄克拉荷马的中国人一道跳进豪华轿车，在冬
　　天午夜街道灯光闪烁大雨如注的冲动下，
他们懒洋洋躺着挨饿然后孤零零穿过休斯顿寻找爵士
　　乐或者性或者热汤，追随才华横溢的西班牙人与之
　　攀谈关于美国和永恒，一个无望的任务，于是上船
　　到非洲去，
他们消失进入墨西哥火山，身后什么也没留下，除了
　　牛仔裤的身影，还有诗歌的熔岩和火山灰飘落在芝
　　加哥的壁炉里，
他们出现在西海岸正在调查联邦调查局，留着胡子穿

着短裤，睁着和平的大眼睛，皮肤黝黑而性感，分发令人费解的传单，

他们在他们的手臂上烧烟洞，抗议资本主义的麻醉烟迷吞云吐雾，

他们分发超级共产主义小册子，在联合广场声泪俱下，脱掉衣服，阿拉莫斯的汽笛令其哭倒一片，继续哭泣，哭倒了墙，斯特坦岛渡轮也在呜咽，

他们在白色体育馆失声痛哭，在另类的骨架状的机器前赤身裸体全身战栗，

他们咬着侦探的脖子快乐地尖叫并未犯下任何罪行，除了他们自己在野餐时鸡奸和中毒，

他们在地铁里双膝跪地，号啕大哭，被拖离屋顶，挥舞着鸡巴和手稿，

他们自愿被圣洁的摩托车手操屁眼，快乐地尖声大叫，

他们吹箫同时被那些人类的六翼天使吹箫，水手们，来自大西洋和加勒比海情人的爱抚，

他们勃起在早上在晚上在玫瑰花园和公园草地还有公墓自由地散射他们的精液，无论谁来，只要愿意，

他们不住打嗝试图咯咯傻笑，但伤口在上伴随啜泣的屁股，在土耳其浴室的一个隔断里当金发裸体的天使用一把利剑刺进他们，

他们将三个小情人输给了命运的三个老泼妇：一个独眼泼妇是异性恋衷情于美元；一个独眼泼妇在子宫外眨眼；一个独眼泼妇无所事事除了一屁股坐下剪断知识的金线在工匠的织机上，

他们狂喜地交媾并且欲壑难填，用一瓶啤酒一个甜心一包香烟一根蜡烛，自床上跌落下来，并继续沿

着地板，跌倒在大厅里，结束于昏厥，在墙上用一
　　个终极版阴户的视图来躲避意识里最后的精液，
他们的甜言蜜语引来一百万个女孩的颤抖，在日落时
　　分，红了眼的早晨，但是准备甜言蜜语地抢走的
　　太阳却升起了，闪光的屁股在谷仓里，赤裸裸在湖
　　中，
他们出去卖淫，穿过科罗拉多州的种种盗来夜晚的轿
　　车，尼尔·卡萨迪，诗中的秘密英雄，女人杀手
　　和丹佛的阿多尼斯——欢喜于记忆中的他睡过的数
　　不清的女孩，在空地和餐馆后院，电影院里摇摇
　　晃晃地争吵，在山顶的洞穴里或者瘦削的侍应生，
　　在熟悉的路边僻静处撩起衬裙以及隐秘的加油站
　　厕所里的单间，连家乡小巷也是，
他们淡出偌大肮脏的电影院，转移入梦，一觉醒来
　　在曼哈顿，然后自挂于地下室外，超越无情的托考
　　伊白葡萄酒和第三大道如钢似铁的噩梦的恐惧，跌
　　跌撞撞来到失业办公室，
他们走了一整夜，他们的鞋子全是血，在雪堤码头等
　　待东河里的一扇门，打开一个充满暖气和鸦片的房
　　间，
他们创造了伟大的自杀剧在哈得逊河悬崖银行公寓，
　　在如战时蓝色照明灯的月亮之下，他们的头颅被
　　加冕以遗忘的桂冠，
他们吃了想象中的炖羊肉或是消化包厄里泥泞河底的
　　螃蟹，
他们在浪漫的街道哭泣，与他们满载洋葱和劣质唱片
　　的手推车在一起，
他们坐在货箱里，在桥下的黑暗中喘息，然后起来造

琴，在他们的阁楼里，

他们在哈莱姆区六楼咳嗽，被加冕以火焰，在瘤状的天空下，被神学的橙箱包围，

他们整夜乱画乱写摇摆滚动超越崇高黄色早晨的咒语是废话的诗节，

他们煮着腐烂的动物肺心蹄尾罗宋汤和饼做着纯蔬菜王国的梦，

他们钻进载肉的卡车去寻找一个鸡蛋，他们从屋顶上丢弃他们的手表来计算他们的选票，为了时间之外的永恒，以及闹钟掉落到他们头上，在下一个十年的每一天，

他们先后三次割腕，有成功有失败，放弃了，被迫开古玩店，在那里他们认为他们正在老去便哭起来，

他们身穿他们无辜的法兰绒套装自焚，在麦迪逊大街在铅一般沉重的诗篇的爆炸中，当时尚铁军的坦克当啷开来，硝化甘油的尖叫声、仙女的广告和阴险的智能机器人编辑身上的芥子气，或被绝对现实酩酊大醉的出租车撞倒，

他们跳下布鲁克林大桥——这确实发生过，脱离了未知和遗忘进入唐人街卖汤的小巷像幽灵一般发呆，消防车，甚至没有一杯免费的啤酒，

他们绝望的歌声飘出他们的窗户，跳下地铁窗口，跳进肮脏的帕塞伊克河，跳在黑人身上，哭声传遍整条街，在打碎的玻璃酒杯上赤脚跳舞，怀旧的欧洲人的电唱机，1930年代德国爵士乐终结，把威士忌和叹息一起吐进血腥的卫生间，呻吟传进他们的耳朵，巨大的蒸汽汽笛的爆炸，

他们持枪沿着旧日旅程的高速公路到达彼此的汽车受

难地、监狱般的隐居之所看看或在伯明翰爵士乐里化身神灵，

他们驾车72个小时穿过国家来寻找：如果我有一个幻象或你有一个幻象或他有一个幻象，来发现永恒，

他们前往丹佛，他们死在丹佛，他们回到丹佛，白白等待，他们监视丹佛，并且沉思，独在丹佛，最终离去，并发现时间，丹佛是寂寞的，因她的英雄们，

他们双膝跪地在无望的大教堂里祈祷为彼此的救赎、光明和心胸，直到灵魂照亮它的头发一秒钟，

他们在监狱里撞破他们的头颅，作为长着金发脑袋的不可能的罪犯，现实的魅力在他们心中，他们唱着甜蜜的蓝调到达恶魔岛，

他们退休到墨西哥去培养一种嗜好，或到落基山去见慈悲我佛，或到丹吉尔去找男孩子，或到南太平洋去开黑色机车，或到哈佛大学去自恋，或到伍德洛公墓去献菊花，或到坟墓里去，

他们要求理智的审判，指控催眠的收音机，以及他们因精神错乱而被留下来，还有他们的手和一个悬而未决的陪审团，

他们将土豆沙拉投向纽约市立学院达达主义演讲者，随后做自我介绍，踩着疯人院的花岗岩脚步，顶着光头做自杀式的小丑演讲，要求立刻实施前脑叶白质切除术，

于是他们被手术，以代替无效的胰岛素强心剂电水疗心理治疗职业治疗乒乓球和记忆缺失疗法，

他们没有幽默感的抗议只推翻了一个象征性的乒乓球桌，肌肉紧张症短暂地休息，

数年后返回，真正的秃头，除了一个沾满血污的假发，

还有眼泪和手指，显而易见的疯狂，男人毁灭于东部疯狂城镇的病房，

州立朝圣者医院、罗克兰疯人院以及格雷斯通医院臭烘烘的大厅，争吵伴着灵魂的回声，摇滚在午夜，孤独的长凳，爱情的史前巨石王国，生活之梦一个噩梦，身体变得像石头一样沉重，像月亮，

终于和妈妈在一起了＊＊＊＊＊＊最后一本美妙的书，猛冲出房屋的窗户，凌晨4点关上最后一扇门，最后一个电话在墙上砰的一声回答，最后一件家具在房间里倒下来，最后一件精神的家具，一朵黄色的纸玫瑰扭曲在一根铁丝上，衣架在壁橱里，甚至想象出来的，也不过是子虚乌有，除了希望的一丁点幻觉——

啊，卡尔，在你不安全的同时我也不安全，现在你真的在时间的畜生大全的杂碎汤里——

然后，他们跑着穿过结冰的街道无法摆脱脑海中炼金术的突然闪光以及如何使用椭圆形仪表和震动翼飞机的念头，

他们梦见化身为时间和空间的缺口穿过并列影像，受困于灵魂的天使在两个视觉影像之间给动词加入了元素并设置名词，意识的冲撞在一起跳跃着，带着万能之父永恒上帝的感觉，

再创语法和可怜的人类散文的标准，站在你们面前说不出话来，聪明的人，害羞地发抖，却仍被拒绝，袒露灵魂跟上他赤裸的思想和汹涌澎湃的脑海的节奏，

疯狂的流浪汉和天使合拍敲打，不为人知，仍要在此撂下应该是离去时说的话，

死后及时回来,

于是玫瑰穿着爵士乐般幽灵的衣服转世,乐队金色小号的影子,吹熄了美国赤子之心的痛苦,为爱进入一根"我的神,我的神,为什么离弃我"的萨克斯管,哭号,颤栗的城市震坏了最后一架收音机,

与生命的诗歌的完整心灵同在那从自己美好身体割下的够吃一千年。

II

什么样的水泥和铝合金的斯芬克司猛击并打开他们的头盖骨吃掉了他们的脑髓和想象力?

火神!孤独!龌龊!丑陋!垃圾桶和得不到的美元!孩子们在楼梯下尖叫!小伙子在军队里啜泣!老人们在公园里哭号!

火神!火神!噩梦的火神!无爱的火神!精神病患者的火神!阴沉男法官的火神!

火神的不可理喻的拘留所!火神的骨头交叉没有灵魂的监狱和悲伤的国会!火神的建筑是判决书。火神的战争巨石!火神的不知所措的政府!

火神的头脑是纯粹的机器!火神的血液流淌着金钱!火神的手指是十支军队!火神的乳房是吃人肉的发电机!火神的耳朵是正在吸烟的坟墓!

火神的双目是一千扇瞎掉的窗户!火神的摩天大楼立于长街仿佛无穷的上帝!火神的工厂做梦,在雾中呱呱蛙叫!火神的烟囱和天线给城市加冕!

火神的爱是无穷的石油和石头!火神的灵魂是电力和银行!火神缺少的是天才的幽灵!火神的命运是

一片无性的氢原子的阴霾！火神的姓名是上帝！

我独坐于火神之中！我在火神中梦见天使！在火神中发疯！火神里的口交者！在火神里缺少爱没男人！

火神早就进入了我的灵魂！火神我在其中有知觉无身体！火神吓得我魂飞魄散！火神我要把它放弃！在火神中醒来！光明流泻到天空外！

火神！火神！机器人公寓！看不见的郊区。骨瘦如柴者的国债！盲目的资本！恶魔的行业！鬼怪的国家！无法征服的疯狂的住房！花岗岩阴茎！怪兽原子弹！

他们磨破他们的后背将火神抬进天堂！人行道、树木、收音机，成吨！把城市抬进天堂——它存在，在我们附近的每一个地方！

幻想！预兆！幻觉！奇迹！狂喜！顺美国的河流而下！

梦想！崇拜！启示！宗教！整整一船神经过敏的胡说八道！

突破！越过此河！翻越苦难！洪水退去！高处！显灵！绝望！十载动物的尖叫和自杀！思想！新爱！疯狂一代！沿着时间的岩石！

真实而圣洁的河里的笑声，他们目睹这一切！狂热的眼睛！圣洁的叫喊！他们告别！他们跳下屋顶！直面孤独！挥舞着！带着鲜花！顺河而下！进入街道！

III

卡尔·所罗门！在罗克兰我和你在一起
在那里你比我更疯狂
在罗克兰我和你在一起
　　在那里你一定感到很陌生

在罗克兰我和你在一起
　　　在那里你模仿我妈妈梦游
在罗克兰我和你在一起
　　　在那里你已经谋杀了你的十二个秘书
在罗克兰我和你在一起
　　　在那里你嘲笑无效的幽默
在罗克兰我和你在一起
　　　在那里我们是伟大的作家共用同一台糟糕透顶
　　　的打字机
在罗克兰我和你在一起
　　　在那里你的病情加重被收音机播报出来
在罗克兰我和你在一起
　　　在那里骷髅学院不再容纳感觉虫子
在罗克兰我和你在一起
　　　在那里你喝尤蒂卡老淑女的奶茶
在罗克兰我和你在一起
　　　在那里你用双关语谈论你的护士们的身体
　　　是布朗克斯区的鹰身女妖
在罗克兰我和你在一起
　　　在那里你穿着紧身衣尖叫你输掉了这场地狱里
　　　真实的乒乓球赛
在罗克兰我和你在一起
在那里你砰砰重击患有紧张性精神病的钢琴，它的灵
　　　魂是无辜的不朽的，应该永远不死，但却荒唐地呆
　　　在一个全副武装的疯人院里
在罗克兰我和你在一起
在那里五十多次的电击将永远不会让你的灵魂从空虚
　　　地对十字架朝圣返回到它的身体

在罗克兰我和你在一起
在那里你控告你精神错乱的医生们密谋希伯来社会主
　义革命反对法西斯国家各各他
在罗克兰我和你在一起
在那里你劈开长岛的天空然后从超人的坟墓里挖掘你
　的活人耶稣
在罗克兰我和你在一起
那里有二万五千名疯狂的同志全体齐唱《国际歌》最后
　一节
在罗克兰我和你在一起
在那里我们拥抱和亲吻美利坚合众国在床单下面,美
　国它整夜咳嗽不想叫我们睡着
在罗克兰我和你在一起
在那里我们触电醒来脱离昏迷,被我们自己的灵魂的
　飞机,轰鸣在屋顶之上,它们来丢下天使般的炸弹,
　医院照亮自己虚构的墙壁使其倒塌,哦,皮包骨的
　军团跑到外边,哦,星空闪烁怜悯休克永恒的战争
　在此发生,哦,胜利忘穿你的内衣,我们自由了
在罗克兰我和你在一起
在我的梦里,你湿淋淋从海边走来,流着泪旅行在穿
　越美国的高速公路上,在西部的夜晚,到达我的小
　屋门前

《嗥》脚注

神圣！神圣！神圣！神圣！神圣！神圣！神圣！神圣！神圣！神圣！神圣！神圣！神圣！神圣！

世界神圣！灵魂神圣！皮肤神圣！鼻子神圣！舌头与鸡巴与手与屁眼神圣！

每一件事神圣！每一个人神圣！每一个地方神圣！每一天沐浴！每一个男人是天使！

流浪汉像六翼天使一样神圣！疯男人神圣和你我灵魂一样神圣！

打字机神圣诗歌神圣声音神圣听众神圣狂喜神圣！

神圣彼得神圣艾伦神圣所罗门神圣吕西安神圣凯鲁亚克神圣汉克神圣巴勒斯神圣卡萨蒂神圣不为人知的鸡奸犯与受苦受难的乞丐神圣面目可憎的人间天使们！

神圣的关在精神病收容站的我的妈妈！神圣的堪萨斯州祖父的鸡巴！

神圣的呜咽的萨克斯！神圣的波普启示录！神圣的爵士乐团大麻嬉皮士和平佩奥特碱烟管还有大鼓！

神圣啊孤独的摩天大楼和人行道！神圣啊容纳一百万人的自助餐厅！神圣啊街道下面神秘的泪河！

神圣啊孤独的世界主宰！神圣啊中产阶级大量的羔羊！神圣啊疯狂反叛的牧羊人！谁探究洛杉矶就是洛杉矶人！

神圣的纽约神圣的旧金山神圣的皮奥瑞亚与西雅图神圣的巴黎神圣的坦吉尔神圣的莫斯科神圣的伊斯坦布尔！

神圣的永恒中的时间神圣的时间中的永恒神圣的宇宙

中的钟表神圣的四维空间神圣的第五国际神圣的火神的天使!

神圣的海洋神圣的沙漠神圣的铁路神圣的机车神圣的幻象神圣的错觉神圣的奇迹神圣的眼球神圣的深渊!

神圣的宽恕!怜悯!慈善!信仰!神圣!我们的!身体的!受难的!宽宏大量的!

神圣的超越自然无比杰出的大智大善的灵魂!

【美国】 金斯堡

美国

美国,我已经给了你全部,此刻我一无所有。
美国,1956年1月17日,两美元两角七分,
我灵魂出窍。
美国,我们何时结束这人类的战争?
操你自己吧,用你的原子弹。
我感觉很糟,不要惹我。
我无法写诗除非进入状态。
美国,何时你会像天使?
何时你会脱掉你的衣服?
何时你会透过坟墓看清自己?
何时你会对得起你的数以百万的托洛茨基分子?
美国,为何你的图书馆眼含泪水?
美国,何时你才会把你的鸡蛋送给印度?
美国,我厌恶你精神病患者般的需求。
何时我才能怀着好心情走进超级市场买到我需要的东
　　西?
美国,毕竟只有你和我是完美的而不要来世。
对我来说,你的机器太多。
你使我想做圣人。
必须有别的办法来解决这场争论。
巴勒斯在坦吉尔,我不认为他回来是灾难性的。
你是灾难性的吗或者这一切的构成全是恶作剧?
我要一击中的

我拒绝放弃我的执着。
美国,不要逼我,我知道我在干什么。
美国,梅花正在飘落。
我几个月没有读过报纸,每天都有人受审
因为杀人。
美国,我对沃布林深感同情。
美国,当我还是个孩子的时候我曾是一名共产主义者,
　并且我不后悔。
我吸食大麻从不放过每次机会
我一天到晚一连几天坐在我的屋子里,盯着壁橱里的
　玫瑰。
我去唐人街买醉,但从不醉卧街头。
我预感会有麻烦。
你应该看到过我在读马克思。
我的心理医生认为我完全正确。
我不愿向上帝祈祷。
我有神秘的异象和宇宙的共鸣。
美国,我还没有告诉你你对马克思舅舅干了什么,在
　他从俄国
　　　来此之后。

我在对你们演讲。
你打算让我们的情感生活被《时代》杂志操控吗?
我被《时代》杂志纠缠。
我每周都在读它。
它的封面盯着我,当我每次从街拐角处的糖果店溜达
　而过。
我在伯克莱公共图书馆的地下室读它。

它总是告诉我关于责任。商人是严肃的。电影
生产者是严肃的。每个人是严肃的,除了我。
它让我发现我是一个美国人。
我再一次告诉我自己。

亚洲起来反对我。
我从未在中国人那里占到便宜。
我最好考虑我的国家资源。我的国家资源包括两卷大
　麻数百万生殖器
　　　一部不宜出版的私人文学作品,它每小时传播
　　　1400 英里,
　　　包含 25000 所精神病院。
我还没有说出我的监狱还有数以百万计的无权者他们
　住在
　　　我的花盆里在五百个太阳的光线下。
我已经废除法国的妓院,坦吉尔是下一个。
我的野心是当总统,尽管我是一名天主教徒。

美国,我如何能够怀着你那白痴般的心情写出一部神
　圣的律法之歌?
我将像亨利·福特那样继续下去我的诗是个人的与他的
　　汽车一样,它们全部的差异只是性别
美国,我卖给你,每首诗 2500 美金,比你陈旧的诗
　便宜 500 美元
美国,释放汤姆·穆尼
美国,拯救西班牙共和派
美国,萨柯 & 凡泽一定不能死
美国,我是斯科兹波洛镇的男孩们。

美国，我 7 岁时妈妈把我带到共产党支部会议上
  他们卖给我们鹰嘴豆每张票一大把，一张票五
   美分
  畅所欲言，每个人都是天使，同情
  工人，所有这一切如此真诚，让你觉得没有什
   么
  比该党更好，在 1935 年斯科特·尼尔是一个伟
   大的老人一个真正的
  正人君子，布洛尔妈妈丝业工会罢工永恒的女
   性让我高呼，
  我曾见过犹太裔演说家以色列人阿麦塔平易近
   人。每个人都一定
  做过间谍。
美国，你并非真想开战。
美国，那是他们——俄国坏蛋想要干的。
他们俄国佬他们俄国佬和他们中国佬。还是他们俄国
  佬。
俄国想生吃我们。俄国当政者疯了。她想要拿走
  我们的汽车从我们的车库。
她想抓住芝加哥。她需要一本红色的《读者文摘》。
  她想要我们的
   汽车工厂迁往西伯利亚。用他庞大的官僚主义
    运转我们的加油站。
那可不妙。哦，他强迫印第安人识字。他需要大块头
  黑鬼。
哈。她让我们所有人每天工作十六个小时。救命。
美国，到了最危险的时刻。
美国，这是我从电视机里获取的印象。

美国,这是正确的吗?

我最好马上去工作。

美国,我的确不想参军或在精密部件的工厂

开车床,无论如何我都近视并且精神错乱。

美国,我用我同性恋者的肩膀扛起你命运的车轮。

第三辑
生如夏花

徐一峰 绘

【印度】泰戈尔

生如夏花

> 生命，轻薄不休
> 轻浮不倦

一

我听见回声，来自山谷与心灵
向收割中的镰刀孤独的灵魂敞开
决绝地重复，但也是重复着最终
在沙漠绿洲中摇曳的福祉

我相信我是
生如夏花之灿烂
不枯、不败、火热、妖冶、放肆
心率和呼吸承担繁琐沉重的负载
百无聊赖

二

我听见音乐，来自月亮与胴体
辅之以极端唯美的诱饵，捕捉袅袅余音
充实紧张的生活，但也充实单纯
总有一些记忆遍布大地

我相信我将
死如秋叶之静美
盛而不乱，姿态如烟
即使枯萎也保留着傲骨和清风的肌肤
隐匿于世

三

我听见爱情，我相信爱着
爱是一池挣扎不息的蓝绿色水藻
仿佛落寞的微微爆裂的风
通过我的血管出血
多少年来坚守信仰

四

我相信所有人都能听见
甚至预见了分离，我遇见他们的另一个自我
一些没能把握的时机
离开后东行西走，至死注定不能返回无地

瞧，我戴在我头上的簪花，沿途一路盛开
常常错失某些事物，但也深受风霜雪雨的感动

五

般若波罗蜜，尽快尽早
生命美如夏花死如秋叶
还在乎拥有过什么

【法国】兰波

感动

蓝色夏夜,我行于小径,
被麦芒刺伤,又踏碎浅草:
在梦里,我会感觉草儿的凉意在我脚心里。
我会让风儿沐浴我赤裸裸的脑袋。

我耽于无言,什么也不想:
但汹涌澎湃的爱情却在我的灵魂之中涨潮;
我要去远方旅行,走很远很远,像一个吉普赛人,
穿过大自然——如此幸福仿佛我有一个女郎相伴同行。

【俄国】叶赛宁

不悔,不叫,我也不哭

不悔,不叫,我也不哭,
一切将失去……如果苹果花下雾,
金黄色的树叶落满我的心境。
——我已不再年轻。

心啊,你已开始悄悄冷却,
此时此刻的心跳已不再像跳跃:
桦木胶合板建造的家园,
再也不能长久地引我赤足留连。

流浪者激情如火!让我日夜思念,
燃烧促使我逃离花言巧语。
啊,我的护照从未使用过的记忆!
突然憎恨,大胆起来,放纵情感!

现在,我已经倦于期待未来,
生活啊,难道你只是一场幻梦?
如果我在一个嘈杂的春天早晨
在玫瑰色的骏马上自由驰骋。

枯黄的枫叶悄然飘落
世界像块朽木不可雕……
普天下的众生,生生不息
我祝愿你们永远美丽富饶!

【波兰】申博尔斯卡

呼声

你们几乎寸步不移,在无名之地的春天,
原住民,哦,马卡斯·埃米利乌斯。

你们深陷于鲁图里人中间。
你们蹲在萨宾人和拉丁人中间。
你们站起来到你们的腰部,你们的脖颈,你们的鼻孔
在并与埃魁人和沃尔西人中间,哦,卢修斯·费比乌斯。

这些少数民族像苍蝇一样密集,抵达激怒、
厌腻、恶心的极点,哦,昆图斯·德西乌斯。

一座城镇,又是一座,一百一十七座。
费德内人的顽固。法利希人的敌意。
伊特鲁里亚人的无知。安登奈人的
动摇。
研究拉维克人、皮里格尼亚人的仇恨。
那便是促使我们这些仁慈的人严厉起来的原因
超越各自新的山冈,哦,盖乌斯·库尔内利乌斯。

如果只是因为他们不走我们的路,但是他们走了,
奥瑞恩西人、玛沙人,哦!斯普利乌斯·麦利乌斯

来自这里和那里的塔奎尼亚人,遍地都是的

伊特鲁里亚人。
除了沃尔西尼人。外加维爱人。
毫无道理的奥勒西人。相似的萨皮亚人
超越人类全部的耐心,哦,塞克斯都·欧比乌斯。

少数民族只有微小的理解力。
愚蠢将我们包围在一个日益广泛的圈子里。
讨厌的海关。愚昧的法律。
无用的诸神,哦,提图斯·乌留斯提。

成堆的赫尔尼基人,成群的马鲁奇尼人
多如昆虫的维克第人、萨谟奈人。
你走得越远就会越多,啊,塞尔维乌斯·图利乌斯。

可悲可叹的是少数民族。
近观他们不负承担的责任
超越各自新的河流,哦,奥卢斯·加比尼乌斯。

我感到被每一条新的地平线所威胁。
那是我看到了怎样的问题,哦,赫斯久斯·米柳斯。

对此,赫斯久斯·米柳斯,我答复你,
哦,阿庇乌斯·帕乌斯:向前,在世界之外的某个地方
一定有个终点。

【美国】默温

12月的夜

冷冷的山坡立于黑暗
树的南面摸起来很干

笨重的四肢爬进月光的羽翼
我来观察到这些
白色植物在夜里老去
最老的
头一个来到废墟

继而我听见喜鹊为月光醒着
流水流过
自身修长无垠的纤纤十指

今晚,再一次
我觅到一个独自的祈祷但并不是为人类

【英国】泰德·休斯

栖鹰

我安坐于树林制高点,紧闭双眼。
无所作为,没有虚妄的梦想
在我钩状的头和钩状的脚之间:
或在睡眠预演中完美地杀戮然后大吃一顿。

高树的便利!
空气浮力与太阳光线
是我的优势;
地球的嘴脸朝上是为了我的视察。

在粗糙的树皮上我的双脚紧抓不放。
将生产我的脚、我的每一根羽毛的
全部创造拿走:
现在我将创造攥在我脚心里

或一飞冲天,围绕着全部的它慢慢——
我在我的满意之地杀戮,因为这就是我的全部。
我的身体里没有诡辩。
我的礼节就是撕扯掉你的脑袋——

分配死亡。
因我惟一的航线是直航
穿过万物的骨头。

没有参数维护我的权利

太阳在我身后。
从一开始就没有任何改变。
我的眼被允许不变。
我将继续保持诸如此类的一切。

【秘鲁】巴列霍

黑石在一块白石上

我将死于巴黎，死在一场滂沱大雨中，
在我能够记住的一天，
我将死于巴黎——然后我不再动弹……
也许是个星期四，像今天一样，在秋天。
很可能是星期四，因为今天，是星期四，
当我把这些诗句写成散文，然后我在我的肱骨上
用力，从来没有像今天这样，我转过身去，
用我全部的旅程，看到自己孑然一身。
塞萨尔·巴列霍死了，他们揍他，
他们所有人，他没有对他们干过任何坏事；
他们用一根棍子狠狠揍他，恶狠狠地
同样地用一根绳子，目击者是
星期四与肱骨的骨头，
孤独、雨水、道路……

【英国】 华兹华斯

写在威斯敏斯特桥上

世界已经无以展示更多的公平：
谁若错失如此动人的壮丽美景
他的灵魂将变得干瘪无味：
此刻的该城犹如身穿盛装

美丽的早晨：寂静、空灵，
船舶、尖塔、圆顶、剧院、教堂
袒卧在大地之上，衬映着天空，
在没有烟尘的大气中灿烂辉煌。

太阳从来不曾如此陡然的美丽
初照辉煌的山谷、岩石、山丘；
我也从未目睹，从未感受，如此深邃的寂静！

河水照着自己甜蜜的意愿在滑翔：
亲爱的上帝！房屋似乎睡得很熟，
那强有力的心灵仍在沉睡！

【加拿大】阿特伍德

一个纸袋

我造我的头,像过去常干的那样,
从一个纸袋外面,
将它拉下至锁骨,

描画眼睛在我的眼睛附近,
用紫色和绿色的刺
表示惊讶,
一个拇指形状的鼻子,

描画一张嘴在我的嘴附近
摸摸索索用铅笔,然后上颜色
淡淡的红色。

用这个新头,身体此刻
伸展,像一只长筒袜,精疲力竭
却能够再次跳舞,如果我造一条
舌头,我就能唱歌。

一张旧床单,适逢万圣节;
但怎么才能让它更恶劣或者
更吓人呢,这个大头针脸
正方形有头发的脑袋没有下巴?

像一个白痴,它没有过去
并且老是进入未来
通过它眼睛的槽,半瞎地
摸索,用厚厚的微笑,
永远快乐的触须。

纸头,我喜欢你
因为你的空虚;
从你的内部一些话
还是可以说出。

和你在一起,我可以拥有
不止一层皮肤,
一个单调的室内环境,一个有着
无数故事的剧目,
一个新鲜的开始。

【英国】哈代

牛群

平安夜,12点。
"现在它们全都跪着,"
一位长者说,当我们坐成一圈
安闲地坐在火炉的灰烬旁。

我们描述那些柔顺温和的动物。在那里
它们住在它们的草圈里,
也不是我们中的一员出现在那里
继而怀疑它们跪着。

很少有人会编织如此美丽的幻想
这些年!但是,我觉得,
如果在平安夜里有人说,
"来吧;看牛群跪着,

在咱们童年时代熟悉的
远方峡谷边偏僻的庄园农场。"
我应该与他一起走在黑暗中,
希望这一切也许正是如此。

【英国】劳伦斯

一个拒服兵役者的回旋诗

时间将其铅一般的沉重暴跌成单调的沙砾
并将它们在西区垒成一个幽暗的灰色沙堆。
我扛着我的耐心郁闷地穿过荒原；
明天将把它们全都倾倒回来，我讨厌呆滞的时间。

我强驾我的运货马车驶过湿淋淋的秽物，它被压成
软泥，深色的污泥喷溅在我手上
当我要以我的方式在此刻的黄昏休息。
时间将其铅一般的沉重暴跌成单调的沙砾。

一棵扭曲的荆棘树依然站在黄昏里
捍卫树叶的记忆和快乐的圆形鸟巢。
但是泥浆淹没了这土地疲倦的家园，
并将它们在西区垒成一个幽暗的灰色沙堆。

所有日子都发出钢铁撞击的当啷声，令神经
裸露之地痛苦不堪。此刻有一点儿沉默在扩展
叫人松了一口气。但是灵魂仍然被压缩；
我扛着我的耐心郁闷地穿过荒原。

时间已经终止暴跌，一颗星星的命令
阴影覆盖我们饱受打击的成年，以及幸福的
使我们忘掉一切的睡眠，但他懂得：
明天将把它们全都倾倒回来，我讨厌呆滞的时间。

【智利】帕拉

钢琴独奏

因为人的生命是虚无的除了远方的一个动作,
一点儿泡沫在一只玻璃杯上闪烁;
因为树是虚无的除了不安的家具,
只有椅子和桌子处于不断的移动中;
因为我们自身只是一种存在
(就像上帝只是上帝);
因为我们说话不是给人听的
仅仅是为了让他人开口,
因为回声先于原声;
因为我们甚至没有乱七八糟的慰藉
在一座哈欠连天并且充满空气的花园里,
我们不得不在死之前解决一个难题
所以我们才能够不声不响地复苏
在我们被女人宠坏了之后;
因为地狱里也有一座天堂,
允许我做一两件事:
我要用我的双脚制造出慢慢移动的声音,
我要我的灵魂找到它的身体。

【美国】兰斯顿·休斯

黑人河传

我知河流：
我知古老的河流像这世界，比人类的血液在脉管中的
　　流动
更古老。
我的灵魂已经长得深如众河。
我在幼发拉底河沐浴，当黎明年轻的时候。
我在刚果河畔建造我的小屋，它使我安然入睡。
我仰望尼罗河，在大河之上喂养金字塔。
我听见密西西比河在歌唱，当亚伯拉罕·林肯来到
新奥尔良，我目睹过它泥泞的胸膛全变成金制的落日。
我知河流：
古老而忧郁的河流。
我的灵魂已经长得深如众河。

【美国】沃伦

尘世鸟儿

它只是一只在夜间鸣叫的鸟儿,身份不明,
我携春水赶来,穿过身后岩石遍布的草地;
然而如此之静,我站立着,头上的天空并不比水桶中
　的天空更静。

多年过去,所有的地方和容颜都褪去了颜色,一些人
　已经死去,
我站在辽远的陆地上,夜深人静,终于确定
我怀念鸟鸣的沉静比某些日后注定衰败的事物,更多。

【美国】贝里曼

梦之诗 118

他怀疑：我爱吗？所有这些掌声，
年轻的美人坐在我的脚上连同所有的
一切。
可把我累坏了，他思忖：我想冒险犯法
并且爱我自己，或者愚蠢的问题老是问我
将我引向杀人犯……

这么多的美人，一边一个，
墙在我后面，我爬了进去
逃离我喋喋不休的声音……
牛奶皮掉在地上，愚蠢的发问者滑倒
在他们身上在一群灰烬般的观众之中
然后亨利重又快乐起来

在黑暗和寂静中，仅有的惟一的美人
她从不走近亨利，当暴徒
揍他像用一根球杆开球：
她看穿了所有事，她看到他是孤独的
若有所期，当时他躲藏在墙后
连同所有的一切。

【叙利亚】阿多尼斯

日子

我双眼困倦，倦于日子，
倦于素不留心的日子。
尽管如此，我必须钻孔
穿过墙壁，在日子的墙
后面，寻找新的一天
有吗？有这一天吗？

【叙利亚】阿多尼斯

道路的起点

他读每一天像读一本书
看世界像一只灯笼
在他暴怒的夜晚。
他看见地平线来到他面前
像一个朋友。
他读到方向
在诗歌和火焰的脸上

【法国】雨果

穷孩子

请关注这大地上的穷孩子；
他是伟大的，他的身上有着至高无上的上帝。
孩子们在他们的肉体降生之前，
就是蔚蓝的天空中栩栩如生的明灯。

在我们这个光明而又苦难的不公平的世界上
他们降临，上帝将他们赐予我们片刻的时间。
他演说，他们张口结舌
他宽恕，他们笑容灿烂。

他们的甜美之光憩息在我们的眼帘。
唉！他们快乐的权利如此简单。
如果他们身处伊甸园，
挨饿，哭号，受冻，天国将痛苦地震颤。

那挖掘他们无罪的花的贪欲
对有罪的牧师们宣读判决书。
人在他的权力之中掌控了天使。
啊！雷声轰鸣在天空深处，

当上帝找寻这些脆弱的事物
在阴影之中在我们安睡之处
他送给我们带有翅膀的衣服，
发现衣衫褴褛的婴孩在啼哭！

【德国】黑塞

多么沉重的日子

多么沉重的日子。
没有一簇火焰能够温暖我,
没有一轮太阳和我一起欢笑,
一切赤裸裸,
一切冷酷无情,
甚至我心爱的清澈的
群星也在肃杀地俯视我——
自打我从我心里获悉
爱会死去。

【德国】 黑塞

无你

夜里，我的枕头凝视我
空虚得像块墓碑；
我从未想到会如此痛苦
独自一人，
不躺在你的长发中入睡。

我孤独地躺在一间死寂的屋子里，
挂灯昏黑
轻轻地伸出我的双手
去搜索你的手，
软软地按压我温润的嘴唇
去接近你，吻我自己，疲惫而又虚弱——
然后，突然，我醒过来，
所有包围着我的是仍在静静生长的寒夜。
窗上的星星清辉闪耀——
何处是你的金色长发？
何处是你的甜蜜芳唇？

此刻，我饮下每一杯欢乐中的疼痛
美酒中的毒药；
我从来不知会如此痛苦
独自一人
孤独无你。

【英国】彭斯

美好旧时光

(合唱)为了美好旧时光,亲爱的,
为了美好旧时光。
我们再畅饮一杯,
为了美好旧时光。

老友亲朋怎能忘,
并且从不挂心上?
老友亲朋怎能忘,
还有美好旧时光?

你定会喝成酒壶,
我定会喝成琼浆。
我们再畅饮一杯,
为了美好旧时光。

咱俩曾跑向山坡,
采摘精美的白菊;
却用疲惫的双足无尽地游荡,
打从美好旧时光。

咱俩曾燃烧着划桨,
从朝阳初升直到用餐时光;
但是海洋在我们之间咆哮,

告别美好旧时光。

你有一双手,我信赖的朋友,
伸给我你的手;
我们再畅饮一杯,
为了美好旧时光。

【美国】卡佛

幸福

起得这么早外面天几乎还黑着呢。
我靠近窗子,喝着咖啡,
这是一个早起的平常的早晨
通过思考才能够充实。

当我看到这个男孩和他的朋友
走在路上
递送报纸。

他们戴着帽子穿着外套,
其中一个男孩的肩膀上有个书包。
他们如此快乐
他们并未说什么,这些男孩。

我想,如果需要,他们将会
彼此携手。
在这早起的早晨,
他们正一块儿做着这件事。

他们继续,慢慢地。
天空吐露鱼肚白,
虽然月亮还暗淡无力地悬挂在水面上。

如此美丽,有一分钟,
死亡和抱负,甚至爱情,
并未介入。

幸福。它意外
降临。超越其上,真的,
每一个早晨都在谈论它。

【美国】朗费罗

生命颂

　　生命会给它的终结送上一份挑战,当结局来临的时刻说:"欢迎,朋友!"
　　　　　　　　——年轻人的心声吐露给诗篇作者

一

别用悲哀的诗句告诉我:

"生命只是一场幻梦!"
那打盹的灵魂是僵死的,

事物不是它们貌似的样子。

二

生命真实!生命诚挚!

坟墓并非其终点;
"你本是尘土,必归于尘土",

并非指灵魂。

三

既非享乐,也非悲伤

是我们注定的目标或道路；
是行动，在每一个明天

在比今天更远的地方发现我们。

四

艺术长久，时光飞逝；

我们的心，纵然强劲勇敢，
也如闷鼓在敲，

送葬到墓地。

五

在世界的战场上，

在生命的露营地；
别像被使唤的哑牛！

做一名斗争中的英雄！

六

相信没有未来，无论它多么讨人喜欢！

让死去的过去埋葬它的尸体！
行动——在活着的现在行动！

心灵在胸中,上帝在头上!

七

伟人的生命提醒我们:

我们能够使我们的生命崇高,
离开时,在我们身后,

在时间的沙滩上留下足迹。

八

足迹,那也许是另一对

航行在生命庄严的主航道上,
一个被遗弃的落难兄弟,

看到它会振作起来。

九

那么,让我们起来行动,

带着一颗敢于面对任何命运的心灵;
不断进取,不断追求,

学会劳动,学会等待。

【希腊】卡瓦菲斯

城市

你说:"我要去另一块大陆,我要去另一片大海。
另一座城市将被发现,好于这一个。
我每一次的努力都被命运所报废;
而我的心——像一具尸体——被埋葬。
在这片不毛之地上我的智力还能保持多久。
无论在何处我都要转动我的双眼,我可以看
我看到了我在此处生活的黑色废墟,
在这里我虚度了那么多年,都被毁坏和浪费了。"

你将不会发现新大陆,你将不会发现另一片大海。
这个城市将与你如影随形。你将浪迹同样的
街道。你将与同一个邻居一起变老;
在同样的房子里,你会变得满头华发。
你会总是抵达该城。另一片大陆——别指望——
没有船留给你,没有路。
当你毁了你在此处的生活
在这小小的角落里,你已经毁坏了全世界所有的一切。

【意大利】蒙塔莱

带给我向日葵

带给我向日葵,我可以将它移植
到我自身被盐水的喷雾烧焦的土地
让它们天天自我展示给焦虑的天空
黄色的脸上那镜像反射出的布鲁斯。

隐藏在黑暗中的东西会清除模糊,
身体排放自己的气体以色彩的
流动:这些进入音乐。消失
因此是冒险中的冒险。

你,带给我这植物,导致
那里金色的底片升起
好像生活的本质蒸发;
给我的向日葵带来与光明同在的疯狂。

【法国】 瓦雷里

脚步

你的脚步声，我沉默的孩子，
圣洁地，缓缓地落下
朝着我警醒的床，
接近，缄默而冷凝。

纯洁的人儿，神圣的身影，
多么温柔，你谨慎的脚步！
众神啊！……我能猜出的全部礼物，
来到我处，赤裸双足！

如果带着前进的芳唇，
你准备去安抚
我思想的居民
带着吻的食物，

不要催促这温柔的行为，
不论幸福存在还是不在，
因为我活着就是为了等你，
所以我的心啊只是你的裸足。

【美国】肯明斯

啊,亲切自然的地球

啊,亲切自然
地球多久
被
宠幸一次

  手指
好色的哲学家捏
和
戳

你
还有下流的拇指
被科学伸出
你的

  美丽。多久
宗教把你抱
在他们骨瘦如柴的膝盖上
挤压一次并且

抖振你以为你威力无比地怀上了
上帝
  (但

是真的

对无与伦比的
死亡沙发你的
合拍的
情人

　　你回答

他们只是与春天
　　在一起）

第四辑
安魂曲

杜元 绘

【西班牙】马查多

昨夜,当我在睡眠中

昨夜,当我在睡眠中,
我梦——奇妙的误差!——
春天突然爆发
在我心灵之外。
我说:沿着它秘密的沟渠
哦,水,你正朝我涌来,
新生命之水
难道我从未喝醉?

昨夜,当我在睡眠中,
我梦——奇妙的误差!——
我有一个蜂房
在我心灵里面。
金色的蜜蜂
正建造白色的蜂巢
并酿造甜美的蜂蜜
从我过去的失败里。

昨夜,当我在睡眠中,
我梦——奇妙的误差!——
那一轮炽热的太阳
赐予光明在我心中。
它燃烧我感觉

温暖如灶台，
太阳赐予光明
并将眼泪带到我眼中。

昨夜，当我在睡眠中，
我梦——奇妙的误差！——
它是我拥有的上帝
在这里，在我心里

【俄罗斯】曼杰斯塔姆

时代

我的野兽,我的时代,他们试图
窥破你的眼底,
并焊接世纪之间
的脊椎骨
用血？创造的血
流自人类的生命
只有寄生虫不寒而栗,
当新世界放声歌唱。

像尚存的生命一样长久,
这种动物举起它的骨头,
沿着脊柱秘密的
航线,甩掉泡沫。
再来一次生命的加冕;
像一只羔羊,被牺牲,
软骨在新生的
时代的屠刀下

面对从监狱释放的生活,
开始一段崭新、专制
大众化的棘手的日子
必须用一根长笛连接起来。
带着人类的痛苦

这时代的磐石这民众的巨浪,
金色探测器的嘶嘶声
由草地上一条毒蛇所发出。

新芽将破土而出,完好无损,
青青嫩枝指日可待,
但你的脊柱破裂
我美丽的、悲惨的时代。
无言地扮出鬼脸,你苦恼,
回视,虚弱,与凶狠的大白鲨在一起,
一种动物,一旦顺从易折,
你的爪子便会留下踪迹。

【英国】济慈

这生命的手

这生命的手,此刻温暖并且能干
过去常常真诚紧握,如果它是凉的
在冰冷死寂的坟墓中,
萦绕你的日子,寒冷你的梦之夜
你情愿将自己的心血流干
因此在我的血管里红色生命可能再一次涌流而出,
于是你良心平静——瞧,它就在这儿
我握着它朝向你。

【美国】斯特兰德

别处

我走进
怎样的光啊
还没有

强到叫人失明
或看不清
什么来临

我还能够看见
水
一条小船
男人站立着

他不是我认识的某人

这是别处
有怎样的光
四射,像一张网
照彻虚无

要来的
已经来到此处
在此之前

这是镜子
痛苦长眠在它里面
这是国家
无人访问。

【美国】布劳提根

美丽诗歌

我在洛杉矶上床睡觉时
还在想着你。

几分钟前撒尿时
我低头瞧了瞧我的小弟弟
无限深情地。

知道它已经到你体内
去过两回,今天才让我
感觉到它很美。

1967 年 1 月 15 日
凌晨 3 点

【美国】布劳提根

最后一程

死亡的行动
就像搭顺风车
进入一座陌生的城镇,
深夜
天很冷
还下着雨,
你孤零零
再一次。

【美国】布劳提根

发现

阴道的花瓣绽开
像克里斯托弗·哥伦布
甩掉他的鞋子。

难道还有什么事会更美丽吗
比一艘船的船头
触及一个新世界?

【美国】纳什

奶牛

奶牛属于牛科动物家族；
一个结局是哞哞哀叫，另一个：牛奶。

【美国】纳什

我的梦

这是我的梦，
是我自个儿的梦，
我梦见它。
我梦见我的头发是梳理过的。
然后我梦见我的真爱把它搞得乱蓬蓬的。

【美国】纳什

萤火虫

萤火虫之光
是未被科学命名的事物
我想不出还有什么东西更叫人毛骨悚然
比飞行中周身带着一个身份不明的发光体
在一个人的屁屁上。

【英国】雪莱

西风颂

一

啊,狂野西风,你秋天的呼吸,
你,来自你的无形,树叶死去
被驱使,像幽灵因巫师而消失,

黄、黑、苍白、肺病的满面潮红,
染上瘟疫的群众:啊,你
驾驭马车奔向他们黑暗寒冷的床

有翼的子孙,他们躺在那里,瑟瑟发抖,命如草芥,
每个人都像一具躺在坟墓里的尸体,直至
你蔚蓝的春天妹妹吹起东风

她的天空引领大地之梦,覆盖
(催熟甜蜜的蓓蕾,像在天空中牧羊)
平原和山冈,用生机勃勃的气息和色彩:

狂野心灵,那一种艺术在传扬;
破坏者,保护者;听啊,快听!

二

你投身你的激流,在这陡峭天空的骚动中,
散漫的浮云像大地上腐烂的叶子飘落,
摇颤,来自于天空和海洋纠缠的树枝,

暴风雨和闪电的使者:在那儿蔓延
你的蓝色表面在扩展,
仿佛鲜艳的头发从酒神巴克斯的女祭司

头上竖起,甚至从地平线
昏暗的边缘到达穹顶的高度,
暴雨欲来的水闸。你忧伤的

垂暮之年,到达这个大限之夜
将变成一个巨大的陵墓的圆顶,
拱形的,与你可能汇聚的空想

同在,来自它坚实的大气
黑雨、火灾、冰雹将爆发,啊,快听!

三

你曾唤醒它从其夏天曾梦想的
蓝色地中海,它躺在那里,
平静一如睡在溪流中水晶航道的漩涡边

在巴亚湾一座浮石岛旁,
于睡梦中看见古老的宫殿和塔楼
在波涛汹涌中颤抖,

到处开满了青苔和鲜花
如此芬芳,头晕目眩的感觉!
为了开辟你的道路,大西洋在海平面上以一己之力

劈开自身进入峡谷,并远远低于
开花的海洋和泥泞的森林,穿着
海底枯萎的树叶,听到

你的声音,突然变得阴郁,伴随恐惧,
战栗并熄灭,听啊!

四

如果我是死去的树叶就被你强有力地托起。
如果我是一片飞快的流云就和你一起翱翔。
一个浪头在喘息,在你的力量之下,分享

它的推动,只是比你
少些自由,啊,无法驾驭!即使
我在我的孩提时代,能够成为

你在天上漫游的同志,

一如当年,当我超过了你直上九霄的速度
但却缺乏一个想象:我从来不曾做好准备

当你在我痛苦的需要中祈祷。
哦,举起我就像一个浪头,一枚落叶,一片流云!
我跌落在生活的荆棘上!头破血流!

时间沉重的重量手持铁链,使我摧眉折腰
一个人也该像你一样:狂放、迅捷、骄傲。

五

造我成你的七弦竖琴,即使森林已是:
即使我的叶子飘落如其本性!
你强大的和弦的喧嚣

将带走低沉如秋的音调,
尽管哀伤但却依旧甜美,有你,激越的精魂,
我的精魂!有你有我,孟浪之人!

在宇宙间驾驭我垂死的思想
像枯萎的落叶加快新生!
被这首颂诗的咒语诅咒,

如从一个永不熄灭的炉底,播撒
灰烬和火花,我的话语在人间流传!

但是通过我的嘴唇已不能唤醒大地

这预言的号角！啊，西风，
如果冬天来了，春天还会远吗？

【英国】拜伦

我没有爱过这个世界

我没有爱过这个世界,这世界也不爱我;
我没有奉迎其恶臭的气息,也不弯腰鞠躬
向其邪神崇拜的病人膝盖,
也不铸币般在我脸上铸造假笑——也不大声喊叫
在崇拜的回声中,在人群里
他们不相信我,这样的一个人;我站在
他们中间,但却不是他们,在一块思想的
裹尸布下,但不是他们的思想,尽管如此,
我不曾用锉刀锉过我的精神,使之屈服。

我没有爱过这个世界,这世界也不爱我;
却让我们区分公平的敌人;我相信,
虽然我还没有发现他们,也许存在
包容万物的世界——希望它不会欺骗,
以仁慈为美德,也不为失败者
布下陷阱:我也会相信
天上布满他人的愁云,那是一些真诚的悲伤;
两朵,或一朵,它们似乎就是这样。
无名无姓的善良,无法梦见的幸福。

【英国】弥尔顿

写在他亡妻的墓碑上

我想我看见了我已故的圣人
曾带给我的,仿佛来自坟墓的阿尔刻提斯,
由朱庇特主神的伟大儿子送还给她兴高采烈的丈夫,
全力从死亡中解救出来,尽管苍白虚弱。
我的她既已洗净产床的污秽,
便在古老的法律中赎罪得救,
如此,我仍然再次确信我将
一览无余地看到在天堂里无拘无束的她,
款款走来,一袭白衣,纯洁无瑕,仿佛其心:
她面罩薄纱,仍然被我洞见
爱意、甜蜜、善良,在她的人心里
如此清晰,仿佛人间再无一张容颜拥有如此多的喜悦。
可是啊,当她拥抱我的一瞬间
我醒来,她消失,白天将我带回黑夜。

【希腊】赛弗里斯

拒绝

在秘密的海岸上
洁白像一只鸽子
正午时我们口干舌燥；
但海水是咸的。

在金色沙滩上
我们写下她的名字；
但海风吹来
字迹消失。

怀着怎样的精神，怎样的心灵，
怎样的欲望和激情
我们活着我们的生命：一个错误！
于是我们改变了我们的生活。

【尼加拉瓜】达里奥

宿命

树是快乐的,因其几乎没有知觉;
坚硬的磐石更加快乐,因其对一切毫无感觉:
没有一种痛苦像活着那样伟大,
没有比自觉的人生责任更重。

活着,一无所知,毫无出路,
担心已经发生的并恐惧未来……
最确定的恐惧是明天的死亡
去经历所有的,穿越生命,穿越黑暗

穿越我们无知但却毫不怀疑的一切——
我们肉体的温度犹如一串冰凉的葡萄
而坟墓却用葬礼上的小花枝恭候我们
不知道在此处我们要去向何方
也不知我们来自于何处!……

【美国】西米克

旅馆失眠夜

我喜欢我的小房间,
它的窗子正对砖墙。
隔壁有一架钢琴。
一个月有几个晚上
一个跛腿老头来弹
《我蓝色的天堂》

大多时候还是很安静。
每个房间都有个挂重大衣的三脚架
用吸烟和遐想编织的蜘蛛网
来捕捉他的苍蝇
如此黑暗,
我无法在剃须镜中看见我的脸。

凌晨5点,赤脚的脚步声上楼。
吉卜赛占卜者,
其店面在街角,
在一夜欢爱后去小便。
还有一次,一个孩子的啜泣声。
近在咫尺,我想了
一会儿,我正在啜泣我自己。

【瑞典】 特朗斯特罗姆

果戈理

大衣褴褛仿佛狼群。
脸像一块大理石板。
坐在他的信堆里,在轻蔑与过失
窃窃私语的小树林间,
哦,喘气的心,像一张纸片吹过冷淡荒凉的
走廊。

此刻夕阳正在爬行好像一只狐狸在故土之上,
在仅剩的时刻把草点燃。
天空中布满野兽的角蹄,街灯下
四轮马车悄然行进仿佛一个影子在
父亲点灯的庭院之间

圣彼得堡与湮灭处于同一纬度
(君不见斜塔有佳人?)
冰封的民宅漂浮如水母,在其周围
这不幸的男子穿起他的大衣。

而在此处,笼罩在禁食中的,是这名男子,先前曾被
　欢笑的牛群包围,
但这些早已久违,自打它们将自己带到远方的开阔地
　带,在树线之上。

人类无常的赌局。

瞧外面,看黑暗怎样猛烈地灼伤一整条灵魂的银河。

起来!然后驾上你的烈火战车离开这故国!

【瑞典】特朗斯特罗姆

俳句

电源线路延伸
横穿霜的王国
所有音乐的北方。

白太阳是一名
长跑者，反抗
死亡的蓝山。

我们不得不与
小号字印刷的草和
发自地窖的笑住在一起

此刻太阳低垂。
我们的影子是巨人。
万物倏忽皆成虚影。

紫色兰花。
油轮滑翔而过。
月亮满了。

中世纪被保存。
外星人的城市，冷酷的斯芬克司，
空荡荡的角斗场。

树叶耳语:
一头野猪在弹管风琴。
钟声大作。

夜晚向西流动
地平线到地平线
全以月亮的速度。

上帝存在。
在鸟鸣的隧道里
一头上锁的海豹被打开。

橡树和月亮。
光。沉默的星座。
还有失去知觉的海洋。

【美国】 布考斯基

安静干净的布衣少女……

我所认识的全是妓女、前妓女
女疯子。我看见安静的男人
文雅的女人——我在超市里看见他们
我看见他们一起正在走过街头
我看见他们在其公寓里：人们
和平相处。我知道他们的
和平只是一部分，但有
和平，常常持续几小时几天的和平

我所认识的全是避孕药、怪胎、酒鬼
妓女、前妓女、女疯子

当一个离开
另一个到来
比其前任更糟

我看到那么多男人和安静干净
身穿粗布衣裳的
少女们在一起，她们的脸不似狼獾
或掠夺成性

"永远不要把一个妓女带在身边，"我告诉我的
几个朋友，"我会与之坠入情网"

"你无法忍受一个好女人,布考斯基"
我需要一个好女人。我需要一个好女人
多过我需要这台打字机,多过
我需要我的汽车,多过我所需要的
莫扎特,我太需要一个好女人了,那样的话
我能够在空气中品尝到她的味道,我能够用我的指尖
触摸到她,我能够看到人行道上的建筑物
因为她的脚正走在上面
我能够看到枕头当做她的头
我能够感受到我等待的笑声
我能够看到她正抚摸着一只猫
我能够看到她睡着了
我能够看到她的拖鞋在地板上

我知道她的存在
但是她在这个地球上的何处
会像妓女们一直在找我吗?

【美国】布考斯基

冰献给鹰

我保留着对马的记忆
在月亮下
我保留着喂马的记忆
用糖
白色方糖
更像冰块
他们有头
像鹰
秃头,可以咬
但没有

这些马群比我父亲
更真实
比上帝更真实
他们可以践踏我的
双脚,但他们没有
他们可以制造千奇百怪的恐怖
但他们没有

我差不多5岁
但我仍未忘记
哦我的上帝!他们强壮而优秀
那些红色舌头流着口水
从他们灵魂里流出来

【俄罗斯】阿赫玛托娃

诗人
——鲍里斯·帕斯捷尔纳克

他把自个儿比作马眼,
侧脸一瞥,观察,目击,识别,
于是顷刻间水洼在闪光
仿佛熔化的钻石,结冰的松树。

淡紫色的薄雾在后院休息:
站台,圆木,树叶,云朵。
火车头的呼啸声,西瓜皮的咬碎声,
在香香的小孩手套里有一只羞怯的小手。

他发出雷鸣、摩擦声,他拍击着如同海浪
然后突然万籁俱寂——这意味着他
正小心翼翼地前进,穿过这片松林,
如此这般仿佛不想打扰空地轻浅的睡眠。

还意味着他在细数谷粒
用折断的茎秆,这意味着他
已经回到达利亚被诅咒的黑色墓碑,
在某个葬礼之后。

然后再一次,莫斯科疲倦地灼伤这喉咙,
远方,死一般的小钟在敲响……

谁迷失了他距家两步远的路,
在齐腰的积雪中无路可出?
因为他把烟雾比作拉奥孔,
并且赞美墓地上的蒺藜,
因为他以其诗篇的崭新声音
填满世界,回荡在新的太空——

他被奖以永葆童年,
他的慷慨和高瞻远瞩的敏锐在闪光,
整个大地是他继承的遗产,
于是他与天下人一起分享。

【俄罗斯】阿赫玛托娃

安魂曲

你不能撇下你的母亲沦为一名孤儿。

——乔伊斯

不躲藏在异域的天空下
也不在外国翅膀的保护下——
我与我的人民在一起分享一切
在这里，厄运已经抛弃了我们。

代序

在叶若夫制造恐怖的可怕年间，我用了17个月，在列宁格勒探监的队列中等待。有一天，不知何故，有人"挑"出了我。在那个场合，有一个女人站在我身后，她的嘴唇冻得发紫，当然，她从未在其生活中听说过我的名字。从我们全体共同的特征——麻木中抖擞出来，她凑近我的耳朵说（在那里每个人都习惯于用耳语说话)——
　　"有人能够描述这一幕吗?"
　　我回答——"我能。"
　　就在那时有某种东西像是一丝微笑自先前的那张脸上一闪即逝。

献词

高山在这样的悲痛前折腰,
大河停止奔流,
监狱铁门紧锁
关押囚犯的洞穴
濒临死亡的悲楚。
清风轻轻吹拂着某人,
温柔的夕阳温暖着他们,我们无从知晓,
不论哪里都是一样,谛听
刮削声继而打开可恶的钥匙
行进中的士兵踏出沉重的脚步声。
早早醒来,仿佛是为了早晨的弥撒,
步行穿过发疯的首都,去探监
我们会遇见——死者一般毫无生气的太阳,
每天都在降低,涅瓦河,笼罩在迷雾之中:
但希望仍在远方歌唱。
判决书一下,顿时泪如雨下,
紧随其后的是完全彻底的隔离,

仿佛一颗跳动的心被痛苦撕裂,或
重击,她躺在那里,残酷的结局已经注定,
但她仍然设法奔走……步履蹒跚……独自一人。
你们在哪里,我的不情愿的朋友们,
我的两个撒旦之年的俘虏们?
在一场西伯利亚的暴风雪中,你们见到了怎样的奇迹?
在月亮的圆周有怎样闪闪发光的海市蜃楼?
我送给你们每人一个问候,和告别。

序曲

诸如此类的事件发生时只有死者
面带微笑,为他们的获释而高兴,
这列宁格勒四周悬挂着它的监狱
像一枚毫无价值的徽章,正在拍落的棋子。
尖锐,刺耳,蒸汽口哨般唱着
告别的短歌
向被定罪的犹如患痴呆症一般的队伍,
当他们成群结队,缓缓行进,沿着——
屹立在我们头顶之上的死亡之星
当无辜的俄罗斯开始蠕动
在血溅的靴子和"黑乌鸦"囚车的
轮胎之下。

一

你在黎明时分被带走。我跟随你
好像一个人在送葬时所做的那样。
孩子们在黑暗的房子里哭泣。
蜡烛燃烧,照亮了圣母像……
圣像的冰冷还在你的唇上,一颗死亡的冷汗
正在你的额头——我永远不会忘记这个细节,我要收
　集
与被杀害的近卫军的妻子们一起哀泣
伤心欲绝,在克里姆林宫的塔楼下。

二

静静的顿河在流淌
一轮黄月亮悄悄在天上

歪戴帽子,四处游荡,
通过这个窗口看到你的身影

身患重病,孤苦伶仃
月亮看到一个女人躺在家中

她的儿子在监狱,她的丈夫已死去
便替她做祷告。

三

不是我,别人也正在受难。我不能够
不如此这般。已经发生的一切,
被用一块黑布掩盖,
然后让火炬远离……
伸手不见五指的黑夜。

四

咯咯地笑,广开玩笑,人见人爱,
皇村无忧无虑的罪人
如果你能够预见
什么样的生活将与你相伴——
你站在那里,包裹在手中,
在克列斯泰监狱的大墙下,排在第 300 号,
用你的热泪
燃烧新年的坚冰。
往返监狱的道路旁白杨树在摇曳
不发一丝声响——多少无辜的
无可指责的生命被带走……

五

有十七个月我奔走呼号,
感召你回家。

我把自己扔在刽子手脚下
为了你,我的儿子和我的恐惧。
一切都变得永远混乱——
我不再能够区分
谁是畜生,谁是人,还有多久
可以等到死刑的执行。
现在只有蒙尘的花朵,
敲击香炉的叮当作响,
来自某处的铁轨延伸进乌托邦
并且盯着我的脸
并且以迅速歼灭威胁我,
一颗硕大无朋的红星。

六

多少个星期飞驰而过。即便如此,
我无法了解什么样的结果会出现,
我的儿子会如何,走进你的监狱
白夜凝视着,如此辉煌。
现在它们再一次燃烧,
凝眸如鹰,
并且,在你的十字架上,所谈话题
再度是死亡。

七

判决

字字句句犹如石头掷地有声
砸在我仍然跳动的心胸。
不要紧,我准备好了,
处之泰然。

今天我有很多工作要做;
我需要屠杀记忆,
将我鲜活的灵魂变成石头
然后教我自己重新生活……

但如何……这酷夏天翻地覆
在我窗外像一场狂欢节;
我早就有这个预感
一个光明的日子和一幢废弃的房子。

八

致死神

反正你会到来——既然如此何不现在?
我等着你;万事已经变得太过艰难。

我已经关掉灯,打开门
对你来说,如此简单,如此美妙。
采取你所希望的任何形式。从中爆裂
像有毒气体的盖子。爬到我身上
仿佛熟练的强盗使用了重武器。
毒死我,如果你想,用伤寒症呼气,
或用一个你精心准备的简单故事,
(众所周知它令人反胃),带走我
在蓝帽子警官面前,并让我
回眸一瞥
房屋管理员被吓得惨无人色的脸。
我什么都不在乎了。叶尼塞河
的漩涡。北极星的大火。
这备受爱慕的眼睛里的蓝色火花
关闭并覆盖这最后的恐惧。

九

疯狂用它的翅膀
覆盖我半壁灵魂,
它喂我火辣的酒
引诱我走向深渊。

那是当我明白
同时听到我用外语发出的谵语
我必须把到手的胜利

还回去。

不管我有几多抱怨
不管我有几多祈求
它不会让我带走
哪怕一件简单的东西:

不论是我儿子可怕的眼睛——
被痛苦地镶嵌进石头
或监狱探视时间
或这种苦日子在暴风雨中抵达尽头

也不论是一只手的甜蜜的凉意
焦虑的菩提树的身影
还是明亮的远方的声音
这最后令人欣慰的话语。

十

受难

  "别为我哭,妈妈。
  我在我的坟墓里活着。"

1

一个天使唱诗班最大的荣耀时刻,

天空渐渐变成烈焰。
他对他的父亲说:"为什么离弃我!"
但对他的母亲说:"别为我哭……"

2

玛格达丽娜击打自己,放声哭泣,
这位耶稣最喜爱的女弟子变成了石头,
但在那里,母亲沉默地站在那里,
没有一个人敢去看一眼。

尾声

1

我已经了解容颜怎样枯萎,
有多少恐惧能够从低垂的眼睑中逃亡,
有多少苦难可以将脸颊蚀刻成
似楔形文字标记的冷酷的纸页
我知道有多少绺乌黑或淡褐色的头发
一夜之间银丝雪白。我已经学会识别
在顺从的嘴唇上凋谢的微笑,
全身颤栗的恐惧躲藏在空洞的笑声里。
这便是为什么我祈祷但不是为我自己
而是为在那里与我站在一起的你们全体
穿过肆虐的严寒和七月的酷暑

在一堵高耸入云但却完全瞎掉的红墙之下

2

时辰将至,纪念死者。
我看见你们,我听见你们,我感知你们:

一人抗拒着久久拖延着面对这扇打开的窗户;
一人感觉不到她的脚在踢着脚下亲切的泥土;

一人突然摇摇她的头,回答:
"我来这儿好像回家!"

我想要得到你们所有人的名字,但名单
已被转移并且还没有其他地方可以看到。

因此,我已经用这些无意中听到的
你们所使用的谦卑的话语

为你们编织成宽大的裹尸布。不论何处,无时无刻,
我将永远不会忘记哪怕一件事。即使在新添的悲伤
 里。

即使他们用铁钳夹住我备受折磨的嘴
仍会通过亿万人民呼啸;

这便是我多么希望他们记住我,当我死时
在我纪念日的前夕。

在这个国家里，如果有人有朝一日，
决定给我树立起一座纪念碑

对这个庆典我会欣然赞同
但只有在这种条件下，不要把它建在
我出生的海边，
我已切断了我与大海最后的联系；

也不要立在皇村公园山盟海誓的树桩旁
那里有一个伤心欲绝的身影在苦苦找我。

把它立在这里——我站了300个小时的地方
但却没有一次滑开这大铁门的门闩。

听着，甚至在幸福的死亡中我也害怕
我忘记了"黑乌鸦"囚车，

忘记大铁门怎样可恶地砰然一声巨响一位老妇人
号啕大哭像一头受伤的野兽。

让融化的坚冰流动仿佛
自我纹丝不动的青铜眼睑淌落的泪滴

让监狱里的鸽子在远方咕咕鸣叫
当船只沿着涅瓦河静静航行。